葉子

Leaves Publishing

根

以讀者爲其根本

莖

用生活來做支撐

葉

引發思考或功用

果

獲取效益或趣味

這樣說愛最有效

雪秋＊著

紫薇CRAPE MYRTLE

這樣說愛最有效

作　　者：雪　秋
出 版 者：葉子出版股份有限公司
發 行 人：葉忠賢
總 編 輯：林新倫
主　　編：林淑雯
副 主 編：陳裕升
媒體企劃：汪君瑜
活動企劃：洪崇耀
文字編輯：黃志賢
美術設計：呂慧美
插　　畫：許靜薰
印　　務：黃志賢
地　　址：台北市新生南路三段88號7樓之3
電　　話：(02)23635748　　傳　　真：(02)23660310
E-mail：service@ycrc.com.tw
網　　址：http://www.ycrc.com.tw
郵撥帳號：19735365　　戶　　名：葉忠賢
印　　刷：鼎易印刷事業股份有限公司
法律顧問：北辰著作權事務所
初版一刷：2004年5月　　定　　價：新台幣 200 元
ISBN：986-7609-15-8

總 經 銷：揚智文化事業股份有限公司
地　　址：台北市新生南路三段88號5樓之6
電　　話：(02)23660309
傳　　真：(02)23660310

這樣說愛最有效／雪秋著. --初版. --臺北市
：葉子, 2004〔民93〕
面：　公分 --（紫薇）

ISBN 986-7609-15-8（平裝）

544.37　　92023627

序言

我國傳統上男尊女卑的觀念，多少也影響到東方男女的浪漫關係。一般而言，東方女性常會習慣性地，經由男性關愛的眼神或情緒中，來獲得內心安定的力量，並且因而發現自己本身的價值所在。

因此，東方女性在愛情的溝通過程中，很容易將「順從」誤認為某種形式的「浪漫」，將情感的「壓抑」誤認為女性特有的「溫柔」，並且將「無條件的犧牲」誤認為「深愛著對方」。

此外，東方女性在處於浪漫的戀愛關係時，一般都會比男性更為敏感，然而一旦雙方皆有所承諾時，女性則反而會表現得比較務實，她們會逐步審視彼此所投入的關懷是否健全。

無可諱言的，無論東方或西方，大多數的人不但對於男女之間的溝通存有相當多的迷惑或迷思，甚至對兩性之間的差異也可能有相當的空白。一般來說，兩性之間的溝通爲何特別困難？主要原因在於這個「兩性溝通」的話題，所含蓋的範圍實在太廣闊了，它在兩性關係中，幾乎已經演變成爲所不包的時髦（fashion）話題。因此，作者認爲或許將兩性溝通的範疇，單純地界定在戀愛溝通的領域內來瞭解，才是一種比較務實的作法。

關於本書的編排特點：首先是作者將兩性溝通的範圍聚焦於戀愛溝通；其次是以輕鬆的筆調，類似戀愛溝通ABC一樣來撰寫，更加方便讀者閱讀；最後則是作者眞的將我們耳熟能詳的血型、星座與十二生肖等，破天荒地整合起來了！主要依據不同的排列組合，經過精細地比較分析後，竟然可以歸納出高達一百二十四種不盡相同的戀愛溝通人格特質。

所以，讀者只要參照本書的內容，按圖索驥一番，就可以順順利利，輕輕鬆鬆地掌握住自己心上人的戀愛溝通密碼了。

雪秋

CONTENT

PART1 少一點 多一點 01
少一點　多一點
溝通是最困難的事情之一
戀愛溝通的Idea Type
愛經不起遲疑
因愛靠近天堂
心儀的對象
愛神來敲門的六種感覺

PART2 有理就能講清楚嗎？ 15
有理就能講清楚嗎？
「我」字手中握把刀
「雙贏」思維
80/20法則
淺顯易懂的談判理論

PART3 愛情溝通的輕、薄、短、小原則 25
「輕」聲細語
別急著下定論
沉默也是一種溝通
不要刻「薄」
毒藥般的話
否定句的殺傷力
讓我感覺自己很重要
自尊心與同理心
為愛情傷
長話「短」說VS.短話長說
器量別「小」

突顯器量的「三不」

PART4 了解溝通對象的特質 47
血型與戀愛溝通
星座與戀愛溝通
星座＋血型
十二生肖VS.血型溝通命盤

PART5 字母記憶愛情 83
Accept 接受
Believe 相信
Concentration 專心
Devoted 全心全意
Enjoy 享受
Freedom 自由
Give 付出
H-Heart,Honesty 心，誠實
Independence 獨立
Jealousy 妒忌
Kiss 吻
Love 愛
Mature成熟
Natural 自然
Observe 觀察
Quiet 沉靜
Receive 接納
Share 分享
Try 嘗試
Understand 明白
Vow 誓言
Willing 願意
Expression 表達
Yield 退讓
Zest 熱情

PART6 立場大不同 127
愛情溝通的立場
從「第三者」立場看戀愛溝通
何不跟「第三者」比一比？
「一哭二鬧」適得其反
「舊愛」or「新歡」？
不要逞一時之勇
有時問題出在選擇太多

PART7 愛無所不在 139
愛在眼神中
情書的魅力
依妹and熱妹
網戀
愛在耳之際
委託別人傳話
愛情Call in
愛在唇齒間
平等互惠原則
為他唱一首歌
滔滔不絕渾然忘我

PART8 愛在心坎裡 167
營造氣氛
小小禮物大大不同
莫淪入愛慕虛榮
鮮花朵朵心底話
理性VS.感性
理性的侷限性
感性的擴張性

理性＋感性
機智運用的時機
加值型的戀愛
情侶吵架學問大
烏龜VS.斧頭
「以和為貴」行得通嗎？

戀愛危機
PART9 195

有沒有「心」很重要
配套與議價
「四捨五入」消氣法
莫錯過半個世界
優點or缺點只在一線之間
是or非全在一口「氣」上

PART 1

少一點 多一點

少一點 多一點

戀愛是對異性美所產生出來的一種心理上燃燒的感情
—蕭伯納

我國傳統文化一直習慣把君臣（現代是長官部屬）、父子、夫婦間的人際關係區分爲上下，而不是平行對等的關係，而且彼此之間先談「敬畏」，然後才是「敬愛」，至於男女之間的「情愛」則多被定位爲「不登大雅之堂」而只能在「小雅之室」內議論。值得一提的是，中國人所習稱的「敬」一定是放在「愛」之前，如此造成中國人對愛的定義既要距離，還要能「愛妳在心，口不能開」。

換句話說，中國人一直努力去安排一套保守、安定，且爲大多數農業社會民眾所熟悉的兩性相處系統。除此之外，中國傳統的社會一般都比較貧窮，正如俗語所說：「要顧三餐都顧不飽了」；在那種基本溫飽問題都不能解決的時代，兩性之間根本沒有時間定下來好好從事溝通，更遑論雙方要從事愛情的溝通！

人際關係與溝通人際關係的研究在一九八０年代開始在各心理學領域萌芽，至於特別針對親密關係的研究，大約開始於一九八八年。總結過去相關的研究文獻，我們可以看出：親密感是在各種關係現象中都存在的一種歷程；它源自於兩個人在各項活動中的高互相依賴關係。至於如何去測量兩個人之間的互動性質是否符合高互賴的現象，在學術研究上，由於要直接觀察情侶之間的彼此互動狀況，存在有技術上的實質困難，因此一般大多從發生的頻率、內容的多元性，以及發生的強度等三個向度來瞭解。

溝通是針對兩個或兩個以上的成員彼此間所發生的衝突，所進行的排解程序。它既是一種行爲，也是一種程序，期能讓雙方妥協和解的過程。事實上溝通所牽涉的領域甚廣，從個人所具體形成根深蒂固的價值觀、人際觀感，乃至日常生活中所發生的各種關係上。因此，毫無疑問地，溝通乃是一種解決問題的方式，同時也是一種共同協商解決的過程。

溝通是最困難的事情之一

智者說話，因為他們有話要說；愚者說話，因為他們想說。

—柏拉圖

的確在這世界上，最困難的事情之一就是—如何將自己腦袋的觀點，經由溝通而裝進別人的腦袋裡；或者是說如何將自己傾心的異性，經由溝通而變成自己的情侶，而且仍是經由溝通而長長久久地在一起。難怪德國詩人李爾克（Ranier Maria Rilke）會說：「去愛一個人，也許是生命交託給我們的任務中，最困難的一件事。當然也是身爲人根本的使命與終需面對的驗證，人生所有事，皆爲愛而來。」

因此，雖然男女雙方當初因爲情投意合而決定在一起；但最後也有可能因爲個性不合步上分手的道路。此時有必要認清的是，每個人都有不同的思想、生活習慣與人格特質，要找到絕對適合的情人本來就只有微乎其微的機率。値得探討的是，在這種由親密關係轉變成形同陌路的現象中，可以追究的原因相當多，但都會與愛情溝通不良脫離不了關係。

戀愛溝通的Idea Type

只要女人肯付出母親般的關懷與照顧，男人便會覺得自己談戀愛了。

—朗恩

在兩性的交往關係中，「溝通」當然是一件很重要的事，我們甚至可以說，若要使男女之間的感情基礎十分鞏固，則必須要有良好的溝通技巧。至於何謂理想的戀愛溝通？或者是稱之爲戀愛溝通的理想模型呢？就是專指在溝通的過程中，要讓彼此都能有效投入交談，並且享受相互談心，怡悅之情溢於言表。

除此之外，還要注意講話時不要總是一直在兜圈子，且要能認眞地傾聽對方的心意，仔細地去分享彼此內心深處的秘密。所謂「愛不需要說抱歉」是行不通的，反之，愛的確是需要說抱歉的，因此要常常注意雙方說話的口氣，不要過度嘮叨，也不要常相互批評，還要學習總是能夠淡淡雅雅地讚美對方。

史蒂芬・柯維（Stephen R. Covey）曾經在他的《與成功有約》一書中，提出一套理想的溝通策略：

「Seek first to understand, then be understood.」。意思就是說要是先顧及對方的想法、先傾聽他的聲音，清楚地瞭解對方的心意，然後才能讓對方瞭解你。事實上戀愛溝通的最終目標，不外乎就是想讓對方能夠欣然地接受自己的觀點。

然而最令人覺得不解的是，雖然在這個世界上，有很多人想藉溝通改變別人的觀點，但卻很少有人願意經由溝通而改變自己的看法。事實上，溝通的「態度」與溝通的「內容」一樣重要，甚至有時溝通的態度比內容更重要好幾倍呢！

若眞正喜歡或在愛一個人的時候，千萬要記得，一定要想辦法讓對方發展成獨立自主的人格。所以，在這個世界上，有許許多多的人，他們心靈深處並沒有能力去愛一個活靈活現的人；他們充其量只有能力去愛寵物罷了！

愛經不起遲疑

瞭解愛情的人，往往會因為愛情的昇華，進而堅強了他們向上的意志和進取的精神。

—培根

「戀愛」或「愛情」是時下青少年常掛在嘴邊的話題，也常有人說「戀愛」是大專學生的必修學分，甚至有些人，終其一生一直在與「愛情」周旋不休。另一方面，言情小說中所描述的那種至死不渝的綿密戀愛關係，以及溫柔瀟洒又多金的男女主角，多少都會讓時下青少年，很肯定地認爲愛情是全世界最美好的經驗之一，然而有些人會以爲擁有愛情就可以不食人間煙火，因此，有的「善男信女」一心一意爲追尋自己理想中的愛情，即使赴湯蹈火也在所不辭呢！

本來愛就是經不起遲疑的，羅素（Bertrand Russell）曾經說過：「在所有的遲疑與謹慎當中，對愛情的遲疑與謹慎可能是幸福的頭號殺手。」的確，大多數過來人的經驗都覺得，應該把「愛」看作是一個動詞，而不是一個名詞。換句話說，我們不僅僅要立即行動去愛，同時還要有能力去選擇如何去愛對方。

但是要「愛」也要儘可能地愛得對，因爲無論我們多麼想要愛別人，但是如果既不得法又不付諸行動去做的話，其實就跟完全沒有愛一樣，或者與選擇完全不要去愛並沒有任何差別。其實每一個人終其一生中，眞的是難得遇到幾個能讓你眞心喜歡的人，所以嘛！從今天起要努力去追求愛囉！

若眞的是喜歡某一個人，一定要找個機會想法子表示出來，因爲你完全不能確定，錯過了這一次機緣之後，你會不會與中意的人在其他時空中再度交會，或者終其一生，你就只能永遠的遺憾與他（她）擦身而過了。

因愛靠近天堂

獲得愛情，而又失去愛情，總比從來沒有戀愛過要好。

—但尼生

沒錯，戀愛是一件非常美妙的事情，任何人在生命中能夠有自己所愛的人來愛他，他或她的人生就會變得更加豐富，所以我們要主張人類可以因爲愛而靠近天堂。除此之外，戀愛也可以是一種周而復始的過程，兩性之間可以藉由深愛對方，而不斷積極地擴充自我，共同達到彼此心靈的成長。

因此，眞正的愛必須要具有滋養別人和自己心靈成長的能量；當然在不斷擴充自我愛的意願，使自己在幫助情侶成長的同時，自己的情感也會更趨成熟。

心儀的對象

我們已經碰到敵人了！而他正是我們自己。
—軍事天才波格

在愛情的國度裡，總會有人不斷地問：「男人喜歡怎麼樣的女人？而女人又喜歡怎麼樣的男人呢？」

對於上面這兩個問題，基本上好幾個世紀以來，一直都沒有確切的答案，而只有概略的回答。因爲在這個世界上，每一個人都稱得上是獨立且不盡相同的個體，本來就很難得會有相同的喜好，更遑論有相同的答案了！

雖然在兩性的感情世界中，幾乎每一位男士都在不斷尋找他自己的白雪公主；每一位女孩也都在尋找或等待她自己心中的白馬王子。然而在今天多元化且複雜多變的社會中，一見鍾情式的戀愛本來就不太多，難怪有很多人一直都在尋覓自己心目中的Mr. Right或Miss. Right；有些人則是彼此做了很久很久的「好朋友」之後，突然在某一天或某一片刻，突然發

現這個近在身邊的人，其實就是一個很好的戀愛對象。

根據統計，大部分的東方人，他們的戀愛乃是屬於日久生情型的，而且在相互交往的過程中，絕大多數都是男方先主動提出或表白心意後，經由女方欣然接受，於是兩個人就這樣自自然然地膩在一起了。

愛神來敲門的六種感覺

如果你隱隱約約地覺得，自己似乎已經有那麼一點戀愛的味道了，但是並不太瞭解愛上別人時會有哪些奇妙感覺的話，那就請參考以下依序排列的愛上別人的六種奇妙感覺吧！

＊美麗出色的感覺＊當我們對某位異性產生愛慕的情愫時，通常就會覺得對方最好看，或者最耐看，即使在別人眼中，或者周邊比她（他）出色的異性大有人在，但對你自己而言，你還是覺得只有她（他）才是最好看，而且通常也是無人能比的耐看，這就是所謂「情人眼裡出西施」或「潘安」吧。

＊溫柔親切的感覺＊當你眞正愛上一個人時，你會感受到一種很溫柔且親切的感覺，因爲他（她）總是會讓你覺得很體貼很舒服，親密的感覺就像是一家人一樣，你可以完全信任他或依靠著他，不管任何心裡的話都可以跟她（他）說，有時甚至會覺得比家人還要來得更親密且溫馨呢。

＊羨慕及尊敬的感覺＊在兩情相悅的醞釀過程中，通常會顯得處處都以對方的感受來優先考量，並且常會以對方的所作所爲感到驕傲。在這種特殊的奇妙情境下，不但不會去挑剔對方的任何瑕疵，而且還會樂意去尊重包容對方的缺點，或者是集中注意力於欣賞對方的才

華與優點。

＊富有無比的同情心＊我們對深愛的人常會有某種疼惜或憐香惜玉的感情，只要對方受到任何一點點挫折或委曲，我們就會很想去分擔或解除她（他）的痛苦與挫折。有時甚至會迫不急待地想要藉由犧牲自己的利益，而減輕對方任何一絲絲的痛楚或不悅呢！

＊具備獨佔性格＊曾經有人說：「情人眼裡容不下一粒沙子。」有時愛情眞的是具有絕對的獨佔性，且完全不能與任何人分享的，甚至包括自己原本很要好的死黨也不例外，難怪有的死黨會說「見色忘友」這句刻骨銘心的肺腑感言。

兩情極度相悅之下，有時很可能會天天都想跟對方親密地膩在一起，甚至會影響到對方的行動的自由。事實上人的本性其實是有那麼一點自私的成份，當然也曾經有人說過「愛不是佔有」這句話，說起來是很容易，但是眞要當事人去做，大概沒有幾個人能夠做得到呢！

＊生理上產生衝動＊愛上某個異性，到達一定程度時，就會希望彼此在身體上有進一步的親密接觸。因爲當愛情來臨的時候，情慾也會很快地就接踵而至。事實上，類似柏拉圖（Plato）式的戀情，在眞實的戀愛關係中很難得會出現。當然，所謂生理上產生的衝動，也並不僅限於雙方的性關係上，廣義而言，尚且包含許多身體上的親密接觸，譬如：牽牽小手、擁抱一下、親吻對方等等。

PART 2
有理就能講清楚嗎？

有理就能講清楚嗎？

男人在他真正愛慕的女人面前，一定是窘困而拙劣，不大容易發揮自己的可愛之處。

—勞倫斯

世界上大部分的事情，大抵上都可以用經驗主義來累積我們對此一問題的個人見解，但唯獨對於戀愛溝通時，經驗主義會完全行不通。因爲在愛情的國度裡，即便是有相當多經驗的累積，但仍不足以確保下一次的新戀情絕對會輕易成功；相反地，有時就算是完任沒有任何戀愛的經驗，也照樣可能會一帆風順。

所以，在愛情的世界裡是沒有所謂的專家，當然也更沒有所謂戀愛溝通的專家了。換句話說，任何形式的專家，只要一旦眞正墜入情網之後，就未必還能夠再展現其原本專家的風範，以及專業的形象了，當然，有時就算是有理，也未必能講得十分清楚了！

「我」字手中握把刀

聰明的人造成的機會，多於他所找到的機會。
——培根

中國人造字是很有意思的，請看一下「我」這個字的結構，它是怎麼組合的呢？是由「手」和「戈」兩個字所構成的，所以「我」這個字就是「每個人手上都拿著刀劍或武器」。難怪每個人在與別人互動過程中，最常做的就是「自我防衛」的動作，以絕不相讓的態度來保護自己的權益。

有時就連關係十分親密的情侶也不例外，各位可能會發現，情侶之間在從事親密溝通時，說也奇怪，越是親密的情人越容易在溝通過程中，一下子就火冒三丈，動不動就氣到頭頂冒煙。

事實上，只要心頭有怨氣，就特別容易口不擇言，不但是再怎麼有理也說不清楚，甚至一不小心，往往會將情侶之間最爲忌諱的話題，也毫不猶豫地脫口而出，讓彼此內心深處留下極為深邃，且難以彌補的痛楚。

因此，在戀愛溝通的過程中，建議情侶們務必要愼選話題，因爲若能選對溝通的話題，不但可以讓對方放鬆心情，而且也可以作深入的交談。萬一不愼選錯話題的話，不但會引起對方警戒或緊張，進而十分容易導致溝通過程的中斷。

值得一提的是，雖然許多現代人對任何事都講究效率，以致產生有話就直說的性格，然而在戀愛溝通的過程中，絕對不可以只講求效率，而要兼顧戀愛溝通的品質，以及考量到彼此溝通的實質效果。

「雙贏」思維

想像力是創造的開始，根據想像去創造，你也可以創造你想要的世界。
—蕭伯納

凡是處於忿怒且失去理智的情侶，特別容易動不動就輕易說出「分手」這兩個字，有時雙方或其中一方也眞的會去考慮這樣的氣話，進而眞的作出分手的決定。有時狀況輕微者或許還會有復合的機會；情況嚴重一點的話，也許就眞的會因此而演變成「你走你的陽光道，我過我的獨木橋」了。

有時人類的情緒就是如此地奇妙：自己越在乎的人，反而越容易對他產生誤會；自己越在乎的人，犯錯時反而越不能原諒他；自己越在乎的人，反而常常會對他越不客氣；自己越在乎的人，反而越會裝做不在乎。因此，在從事戀愛溝通時，我們必須抱持著一個大原則，慢慢學著不要急著或搶著說，而是要想好了才說，以免因爲逞一時口舌之快，而產生無盡的後悔。

除此之外，情侶之間如果想要建立有品質的戀愛溝通模式，還要學習一種叫做「雙贏」思維。

換句話說，就是你自己好的同時，對方也能夠好，同時溝通雙方在自我反省與自重自制的原則下，要建立起「我們是站在同一邊」的溝通方式。首先，當然是將自己的感覺，明確或清晰地告訴對方；其次則是要能耐心且仔細地聆聽對方的感覺；最後，則是記得要運用同理心、同情心與關懷的態度，及時去瞭解對方內心深處的想法。

80/20法則

「80/20法則」（The 80/20 Principle）又稱之爲「柏雷托法則」（Pareto Principle），也有人將它稱作是「非平衡定則」（Principle of Imbalance），最早是由義大利經濟學家柏雷托（Vilfredo Pareto, 1848-1923）所提出來。

「80/20法則」說明我們所處的社會中，大部分的所得或財富，總是集中在少部分人的手中。也就是說，某一族群佔總人數的百分比與其所享有的財富，表現出十分有趣的數學關係。更具體一點說，社會上大部分（約爲80%）的生產或酬勞，常是出自一小部分（約爲20%）的投入或努力；另外還有百分之八十的努力，也就是大部分的努力，則是與成果無關的。

對照性地用在戀愛溝通方面，我們將會發現在戀愛溝通的過程中，事實上也有大約百分之八十的溝通內容，其實僅屬於陪襯性的角色，大約只有百分之二十的溝通內容，才能眞正進入對方的內心，而能眞正產生溝通的實質效果。當然也可以說，在這個世界上，雖然有許許多多的人不斷地進出你的生命，但只有大約百分之二十眞心眞意的人，才會在你的內心深處留下腳印。

淺顯易懂的談判理論

在戀愛溝通過程中，有時也可以適時地引用小部分簡單且淺顯易懂的談判理論，因爲男女雙方的感情問題，情況單純者固然可以透過溝通與協調的管道來解決處理，但如果狀況進一步惡化或嚴重的話，則必須非得靠談判來解套不可。

什麼是談判呢？談判乃是一種傳播溝通的模式。換句話說，談判是雙向溝通的一種類型之一，它幫助溝通者正確地面對問題，以積極的態度來處理，最終的目的無外乎就是要尋求雙贏。

至於說要怎麼談判呢？談判的態度要靠自制；談判的行爲則要靠規則。事實上情感方面的談判，絕對不是要去爭個你死我活，而是要有效獲致兩造或雙方面都可以接受的均衡結果。

所以，在整個過程中必須要牢記多爲對方預留妥協的空間，讓雙方都有進退協調的餘地，不要固持「All Win」的心態才容易取得共識。

一般而言，談判的重點與注意事項包括：「Who?」與誰談？「Say What?」要表達些

23 有理就能講清楚嗎？

什麼?‧以及「In Which Channel?‧」在什麼位置來談?‧「With What Effect?‧」想要產生什麼效果等。

因爲有時唯有各自退讓一步，才能造就兩方都不輸或不損失任何一方的利益，而唯有這樣的談判，通常才會有圓滿的結果。

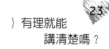

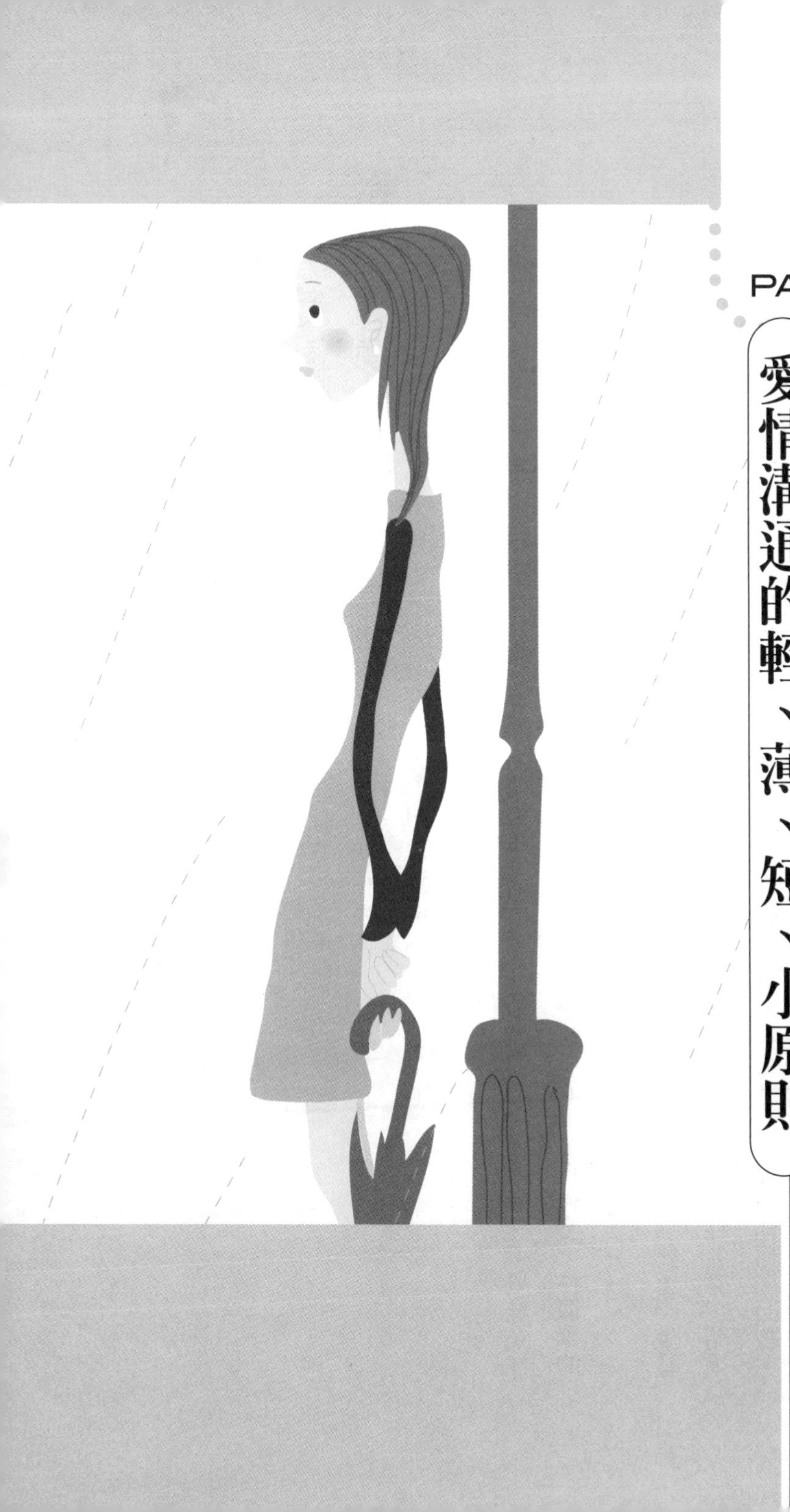

PART3

愛情溝通的輕、薄、短、小原則

「輕」聲細語

在對談時，女人對她所漠視的男人是高聲言語，對她開始心動的男人是輕聲細語，至於碰到心愛的男人則是默然無語。
—喬治．艾略特

在戀愛溝通的過程中，在語氣表達上要儘可能地做到「輕聲細語」，這種觀念不只是女性朋友要有，連男性朋友們也應當去學習。有些男性朋友實在是很不明瞭，爲什麼一件簡單的事情，有的女性在表達時需要繞好大一個圈子，講了很多週邊的細節，最後才講到重點。

久而久之，某些自作聰明的男性，就會以爲自己可以歸納出一項新發現，只要留一隻耳朵，隨便聽聽女性的聲音就綽綽有餘了。偏偏這項新發現又很容易被親密的女性看穿，結果親愛的女友不但可能會講得更多，而且通常還會講得更大聲。其實她們並沒有任何壞心眼，只是想吸引男友的注意力，結果不但違背了「輕聲細語」的原則，惡性循環之下，仍然很難吸引到男友的注意，甚至還可能讓女方覺得沒有面子，或者是沒有受到尊重，而可能進一步地鬧情緒了。

其實這個時候，聰明的女性朋友們可以用輕聲細語的方式，以溫柔且態度婉轉地提醒男生：「請你給我三到十分鐘的時間，耐心聽我講完這件事情，因爲你的專注傾聽與否，對我眞的是非常重要！」

愛情溝通小書籤

〈觀點正確不重要〉

一句很不錯的座右銘：

「誰的觀點正確其實並不是很重要，最重要的是雙方如何去做理想的溝通。」

別急著下定論

「相愛容易，相處難，好好溝通更難」，當我們因爲感情不順遂而情緒低落時，身邊很要好的朋友通常都會像這樣安慰我們：「堅強一點！想開一點！快樂一點！」的確，爲了跳出感情的低潮，堅強是絕對需要的，但是在這種情形下還要想開一點？這恐怕對你我而言就已經夠爲難了；至於要快樂一點嘛？那簡直就是強人所難了。

畢竟，問世間有多少人能在感情的路上摔得頭破血流，或者是痛得刻骨銘心時還能夠想得開？而且還要能高興一點？通常在這個時候，如果有一個好友知己或死黨，他既不急著去下定論，且能悶不吭聲的陪你泡泡茶，或是喝杯咖啡；默默地豎起一對如同衛星般的大耳朵，準備傾聽你心裡所有的話。只要做到這個步驟，就已經能夠幫助你先將大部分的惡劣情緒，慢慢沉澱下來了。

此時，我們將會發現——其實我們自己可以嘗試以一顆沉靜的心，來看待自己或朋友的「情變」，先不要急著去下定論，通常就會有可能將它處理得很好，慢慢地能做到這一點後，我們就已經具備感情復元的能量了。

沉默也是一種溝通

沒有超越現實的神祕；沒有對不可能的事物的強求；沒有隱藏在魅力背後的陰影；也沒有在黑暗深處的探索。你我之間的這種愛情，單純似一支歌曲。

—泰戈爾

如果不想輕聲細語的話，選擇沉默總可以了吧？事實上沉默也是某形式的溝通，它是一種無聲無息的溝通方式。雖然在學理上，溝通一般是必須發出聲音，或者是透過影像顯現出某種景像，而不應完全採取沉默的態度。但是如果將溝通看作是一種訊息的釋放，我們將會發現，有時情侶之間的沉默，所能表達的訊息遠比開口說話的內容還要豐富得多。

因此，如果你被自己的親密愛人誤解，以致再怎麼說也說不清的時候，你或許會寧可選擇沉默不語，也不要去做無謂的爭辯，而進一步傷害彼此的感情。畢竟不是所有的是非委曲，都能以條列的方式表達得很清楚。

事實上，本來就不是所有的人都能瞭解你，或必須完全去瞭解你，甚至在愛情的溝通的道路上，可能根本就沒有眞正的是非與委曲。

所以，如果你眞的是打從心裡就不想說話，那就暫且不要去說吧！在你內心的直覺告訴你自己再多說也無益時，也許對你而言，沉默的溝通所能表達的內容會更加豐富；或許這時沉默的溝通將會發揮許多意想不到的能量，且會帶給你我意想不到的收穫呢！

不要刻「薄」

不要把生命看得太嚴肅，反正我們沒有人會活著離開它。

——赫爾．福特

柏拉圖曾經說過：「愛情是一種嚴重的精神病。」由此可知，當愛情來臨的時候，情侶們或多或少都會有一點神經質的傾向，也就不足爲奇了。這種情形尤其會表現在下列的情況中，通常越是親密的情侶，越是容易激怒彼此的情緒，或許只是一句很普通的對話，卻總是會抵觸到對方心中某個痛處，而導致不滿的情緒一發不可收拾。

事實上，有時戀愛溝通最大的障礙，在於男女雙方雖然使用共同的語言，但語言背後所蘊含的意義卻不盡相同，遺憾的是情侶雙方很少能夠從對方的角度或觀點，來解讀語言之中眞正的意涵。因此，不但常常會搞得雙方百思不解，甚或惱怒不堪，同時也有可能因爲誤判對方語言中的含義，而導致最後連任何一點點溝通的意願也都消失殆盡了。

毒藥般的話

在我們瞭解什麼是生命之前，我們已將它消磨了大半。
——赫伯特

在從事戀愛溝通的時候，除了要儘可能使用情侶雙方都能掌握的語言之外，絕對不要有翻舊帳的習慣或毛病；更加忌諱使用辛辣或刻薄的言詞，也就是所謂狠毒得像毒藥一般的話。然而令人遺憾的是，大部分的情侶碰到很生氣的時候，通常都忽略了這一個重點。

事實上若是眞愛一個人，就必須能及時說出「對不起」，所以，在戀愛溝通的過程中，男女雙方必須能在必要的情況下，眞誠地說出抱歉，而不要話越說越狠，語氣也越來越尖酸刻薄，雙方之間的感情自然免不了會越來越淡薄了。下面有一則關於阿偉與小倩的戀愛溝通小故事，在這個故事中，讀者將會瞭解男女之間平常談情說愛的情話，有時還眞的可能轉變成「毒藥」呢！

愛情溝通小書籤

〈毒藥侍候〉

話說阿偉與小倩之間的感情，業已發展成為同居的男女朋友，某日傍晚，阿偉跟小倩莫名其妙地大吵了一架之後，阿偉一氣之下，就離家跑到附近的賓館去避風頭。

後來冷靜地反省一番，阿偉覺得當時沒有耐心跟小倩溝通，有一大部分是自己的錯，於是鼓足勇氣打電話回家給小倩：「親愛的！待會兒我會回來哦！妳會做宵夜等我嗎？」

沒想到小倩的怒氣還沒有完全消，只聽到話筒那端小倩氣呼呼地回答說：「會啊！我做毒藥等你。」

阿偉怔了一下後回答：「喔！這樣嗎？那我大概不回來了！」接著又心有不甘地說：「還有——我那一份也順便請妳代吃一下。」

否定句的殺傷力

縱使「溝通」是一件很重要的事，可是有時我們在戀愛溝通時，難免會不自覺地使用一些「否定式」或「命令式」的說話方式。諸如：「你完全弄錯了！話不能這麼說。」「哎呀！跟你說過多少次了，你這樣做是絕對行不通的啦！」又或是「唉呀！你看你怎麼那麼笨，跟你講你都不聽……」等。

上述的溝通表達方式，非但表示出沒有器量去接納對方的情緒，甚至還會直接或間接地否定對方的觀點或看法。原本不說、不溝通還好，可能還會有一絲絲機會能讓對方息怒，沒想到會愈弄愈糟，反而更加激怒對方，甚至怒氣一發就不可收拾。

因此，情侶們在溝通的時候，切記要能誠懇地表達自己的心意，也千萬別急著打斷對方的話，而且最好還要能從對方的話中，找出幾個問題來詢問對方，證明自己當下正在專心傾聽，以及也作過充份的思考與判斷，只是暫時無法通盤接受對方的觀點而已。

此時最好從「我覺得（難過、痛苦、高興）」開始說起，同時要能輕聲細語地描述自己內心的心情感受，清楚地表達自己的好惡與需求。切忌不要陷入批評或責備對方的情境，乃至採取一種高高在上的審判態度。事實上，指責別人其實就是把自己的信念強加諸於人，唯有學習去瞭解寬恕對方才是上策，何況眞正的愛是不帶有驕傲氣息的。下面爲阿偉與小倩以相聲表演的方式，爲各位看倌作「否定句的示範」教學：

戲碼：

What is 否定句

阿偉與小倩——上台一鞠躬！

各位看倌！今天要為各位示範否定語氣教學，請看示範！

阿偉：「情侶溝通時，請儘量別用否定的句子。」

小倩：「當然啦！尤其不要用多重否定，也就是連環否定的句子。」

阿偉：「小倩啊！甚麼是『多重否定』或『連環否定』的句子呢？」

小倩：「你怎麼這麼笨，連這個都不知道呢？」（否定的一次方）

阿偉：「我哪有笨？」

小倩：「你的無知就已經是笨了？而且自己笨還不承認！」（否定的二次方）

阿偉：「別這說啦！人家也沒怎樣。」

小倩：「你怎麼會笨到有這種想法呢？而且自己笨還不承認！我看你給我去死好了！」
（否定的三次方）

阿偉突然領悟過來了問：「原來妳已經開始在示範了？那還有否定的四次方嗎？」

小倩：「當然有！聽好了！那就是：『你怎麼會笨到有這種想法呢？自己笨還不承認，你給我去死好了！我看你就算死了，也別想會有人替你哭。』」（否定的四次方）。

阿偉與小倩——下台一鞠躬！

讓我感覺自己很重要

從學理上來看，人與人之間的交往，本來就應當基於互動，或基於「平等互惠」的原則。既然我們一直都希望別人「看重我們」，絕對不喜歡別人「視我們如無物」。相同地，對方其實也希望自己被尊重與被肯定，同樣喜歡被瞭解而不願意「被忽視」，這就是一種互惠雙贏的策略。

心理學家常提醒我們，每個人的身上都帶著一塊「看不見的標誌」，到底是什麼樣的標誌呢？那就是「讓我感覺到自己很重要！」（Make me feel important!）所以，我們必須時時注意到情侶心中所「想要」及最「在意」的東西。

因此在戀愛溝通過程中，切記不要逃避性地轉移話題或模糊焦點，戀愛溝通最忌諱失去焦點或模糊主題。事實上，有時減少負面因素之功效，通常會比增加正面因素來得更爲有用呢！與其裝聾作啞不如坦然表白心意；與其默然枯坐悵然離去，不如表露心聲求得慰藉。當然倒也不必要整天神經兮兮地，總是認定對方話中有話，或者總認爲對方有弦外之音。

自尊心與同理心

健康的愛情關係，不但要懂得去保住對方的面子，也可以藉由提高雙方的自尊心，讓對方感覺到活得更有價值，因爲愛情會使人覺得自己擁有無人能比的獨特性，因爲有獨特性而希望受到尊重，也因爲獨特性而自我付予生命的價值。

一般而言，我們常習慣用自己的方式去詮釋別人的意思，事實上若要從事理想的戀愛溝通，則在溝通過程中，除了維護自我防衛的機制外，有時也要多多站在對方的立場或角度來思考問題。除此之外，還要能善加運用「同理心」，其實同樣一句話，可以有很多種不同的意義。因此，記得要用同理心與再確認，試著用對方的立場來感受其難處，學習在相愛的時候，多找優點誇獎對方。

這樣做不僅是一種欣賞對方的表現，同時也可以經由誇獎對方的過程中，感受到無比的快樂與滿足感。同時還要記得常重複對方的敘述與感覺，這樣才更能幫助我們確認對方的意思。

當妳能夠愛著一個人，同時也願意接受對方追求自己本身幸福的權利時，妳的愛才是眞正突顯出無比的寬容。因爲有時愛情並不全然是獨佔，妳可以愛他的同時，他也可以愛別人。世界上沒有任何固定的法則規定，若有某人愛妳幾分，你（妳）就必須以同樣的程度愛他（她）幾分。因此，如果你（妳）可以認同每個人都有追求幸福的權利，那麼，就別忘了在爭取自己權利的同時，也要懂得去尊重別人的權利。

爲愛情傷

依據研究統計數字顯示，半數以上愛情世界過來人的經驗顯示，不但大部分的人對愛情感到失望，甚至有人埋怨自己曾經在這份親密關係裡失去了自我。

莫非愛情眞的只能淺嚐即止，絕對不能去貪戀？還是說問題出在雙方沒有良好的溝通管道呢？其實出在後者的成份比較多，因爲對大多數的男人而言，一直都不太習慣去專心傾聽異性的心裡世界；同時也不太習慣對異性表達出自己內心的深刻感受。以致會讓許多女性，總是覺得雙方在情感方面很容易產生疏離，好像難以去抓住自己的親密愛人。

有某些研究顯示，若在戀愛溝通方面太過執著於性別刻板印象的話，反而會造成雙方在溝通時產生不必要的摩擦。然而凡事最好不要太過頭，但也不要不及，事實上男女對長期親密關係的認知差異，以及雙方在表達溝通方式上的不同，常是造成感情困擾的主要原因。

有時男女雙方雖然說著同樣的語言，然而語言的背後則常意指不同的意思，男人傾向於表達對女性而言，可稱之爲冷冰冰的數據或資料；女人則傾向於表達對男性而言，比較不切實際的內心感覺。

長話「短」說VS.短話長說

在從事戀愛溝通時，儘管有時男女雙方都懷抱著善意，但若不能充份瞭解與尊重男女特質差異的話，則任何一方都很容易在戀愛溝通過程中，犯下錯誤而不自知。

因此，在戀愛溝通的這條路上，光是只有善意還是不盡理想的，必須還要懂得溝通技巧的運用才行，否則極可能造成雙方在溝通過程中莫名其妙的挫敗。

從前述中，我們已經瞭解兩性在戀愛溝通方式上，的確具有相當大的出入。一般來講，女生比較容易表達出內心的情緒或感覺，同時她們也希望能夠得到男性的關懷，是故具有溫柔與體貼特質的男生，常會成爲眾多女性心儀的對象。

此外，女性朋友也希望能常常聽到男性對她表達愛意，這樣做比較能夠讓她們有被肯定的感覺。如果男性能進一步去聆聽她的心事的話，則女性將更會認爲她們的想法受到關注。

至於男性則比較希望女性們能簡明扼要地讚賞他們，譬如簡單地說：「你好棒！」或「你好厲害！」

甚至最好能有異性懂得去欣賞他的志趣與才華，或者常對他平日的付出表達誠摯謝意。

無論如何，兩性都必須認眞學習的是，在整個戀愛溝通過程中必須耐心聆聽，且要先封住嘴巴不要急著解釋或發表個人意見，耐心地聽完整個過程之後再提出自己的見解，唯有如此，才可以減少兩性溝通時所產生不必要的誤解。

總之，每個人都有不盡相同的戀愛溝通理念，甚至有不少的人認爲自己的溝通方式才是最正確的；對別人的愛情觀，則多少都存在著某些疑慮。

到底誰的戀愛溝通觀念才是正確的呢？除了可以用「實踐檢驗眞理」之外，也許應該說，適合雙方性格或特色的溝通方式，就是最適合自己的戀愛溝通模式。

器量別「小」

可以肯定的是，人與人之間的關係愈親密，彼此之間愈會產生某些不足掛齒的衝突，這乃是十分正常的現象。

特別是當我們覺得心情比較不好的時候，總覺得怎麼看對方都不順眼，怎麼說都有火氣，此時通常就會對情侶之間所發生任何雞毛蒜皮的事，都抱持著相反的意見，只要言詞表達上稍稍尖銳一點，脾氣就會猶如火山爆發一樣不可收拾。因此，從事戀愛溝通的時候，相互體諒與讓步是一種氣度或器量的表現，同時也是一種高貴的情操與藝術。

情侶之間在溝通的過程中，只要雙方或其中一方器量太小的話，通常稍有不慎就會鬧得滿城風雨。

事實上在情侶日常相處中的絕大多數事件，是很難去作是非或對錯論斷的，有時甚至難以去拿捏某種折衷的態度，尤其溝通雙方在論及原則問題時，更是互不退讓。上述的種種原因，歸結來說大部分都是面子問題，心中總以為採取折衷主義就是向對方投降的表現。

突顯器量的「三不」

不把對方看作是自己的永久財產，在愛情的旅途上獲致成功幸福的機會比較大。因為唯有兩個堅強且獨立的人格，才能共同建立健康美滿的情愛關係。事實上一個人若過分關注另一半的幸福與利益時，就很容易引發內心深處的嫉妒心與佔有慾。

因此，情侶之間的任何一方都不可以假藉愛情之名，而行不尊重甚至傷害到對方自尊與人格之實。如何在戀愛溝通的過程中表現出器量呢？可以藉由以下的三不策略來展現：

＊不要急燥＊如果我們在溝通過程中，態度表現得很急燥的話，就表示我們急於撇清某些關係或部分責任，如此當然會使對方會產生某種程度的壓力，至少也是一種很不舒服的感覺。

因此，除非我們已經與對方討論了很久，只缺臨門一腳，否則就不宜太過急躁，因為若能有效轉換成穩重自信的態度，反而比較會贏得對方的信賴。

不要反駁或否定對方：任何人都不喜歡被批評，或受到完全的否定，當然包括情侶在內，更何況如果被最親密的人所否定，那種內心痛楚真的是如人飲水，冷暖自知。

但在戀愛溝通過程中，並非完全不能向對方提出任何的質疑，事實上如果必要的話，語氣要儘可能地和緩一些。因爲太過直接的反駁或否定，極有可能會令對方不愉快，進而可能使雙方在溝通過程中，比較容易導致翻臉或爭吵的反效果。

＊不要盛氣凌人＊即便一般人都不喜歡在溝通過程中，感受到別人採用強勢的姿態，更何況是親密愛人之間的溝通呢！所以在從事戀愛溝通的過程中，要時時注意留給對方一個優質且自主的空間，才不會讓對方因爲感受到壓力，進而導致不安的情緒。

有時我們在言談之間，會不自覺地流露出「自我中心主義」的傾向，或者是「君臨天下」的優越感，總覺得自己所秉持的觀點才是對的，而對別人的觀點則多所質疑，殊不知唯有良好的溝通與適時的講理，才能讓愛情天長地久而永不褪色。

＊壓抑只造就大問題＊熱戀中的情侶們，有事沒事就把不舒服悶在心裡，或將所有不滿情緒全部封箱處理，因爲一旦抱持此種消極的想法的話，男女雙方的感情就會逐漸進入抑制或冷凍狀態。

事實上壓抑的情緒最會讓一般人產生錯覺，以致置身於危險的環境而無法察覺，總以爲彼此相處良好，天下太平無事。然而此種無情無夢且無怨的日子，並不是眞正的平靜，所有滯礙難行的問題也並沒有眞正地解決，充其量只是情緒被壓抑之後，所產生的幻覺罷了。

對情感壓抑的行爲，有時可能是性格使然，但有時也可能是一種潛意識的行爲，總覺得彼此之間其實也沒有什麼好爭執的，光只是想到就覺得夠累了，反正已經疲乏也無所謂啦，不值得扯破臉嘛！

一旦進入這個階段，情侶之間的相處就會慢慢失去熱情，日子總是過得平平淡淡，或者是千篇一律的，只是無論在心理或生理上，都感覺到十分空洞乏味。

所以，我們有時會看到週邊的情侶，表面看起來上兩人似乎相處融洽，同時也沒有任何爭執的話題，甚至在同學或同事之間更是人人羨慕的一對。直到有一天，他們卻突然莫名其妙地宣告分手了，大夥兒通常都會百思不得其解。

的確，表面上「看起來很恩愛」，未必就是眞的能相處綿密，而這也是情侶之間在溝通時，低估了器量所可能產生的不良後果。

PART 4

了解溝通對象的特質

血型與戀愛溝通

青春是一個短暫的美夢，當你醒來時，它已消失無蹤。

—莎士比亞

無論是東方的社會，或者是西方的文化，大都認爲血型與當事人的個性之間，存在著某種相對應的關係，一般人在平常聊天時，也常會涉及關於血型的話題。本書亦特此網羅四種基本血型的相關分析資料，並且著重在不同血型與戀愛溝通之間的微妙關係，以利廣大讀者大眾參考與運用。

A型：談吐溫柔舉止節約

代表A型的花卉爲滿天星，A型的人大都個性溫和，生性穩重踏實，行動中規中矩，在金錢方面懂得節約使用，不太喜歡揮霍無度的生活，且努力追求安定平穩的生活方式。

A型順應環境的能力很強，對於任何事物都很認眞而且負責，但容易受到社會固有型態的拘束，有時也會讓人覺得過度節儉，而產生「小器」的感覺。但無論如何，A型的人對社會團體，以及對個人的確具有強烈的使命感。

一般來說，跟其它血型相較之下，某種程度的「悲觀」可以說是A型族群的共同特色！有時往往會因爲外在環境的壓迫，而想從現實生活中逃避。然而A型的人富有同情心，爲人和藹可親，感情十分豐富，誠實而且謙虛，雖然大多數A型的人皆有能力與周遭的人相互協調溝通，但在溝通角色方面，則常處於被動者的地位。所以，在與A型的人從事戀愛溝通時，建議能採行主動誘導的方式較佳。

B型：敏感隨和韌性特強

代表B型的花卉爲小雛菊，B型的人感覺敏銳，生性開朗，不拘泥小節，且不喜歡受到規則或法律的約束，討厭一切的成文條例，喜歡永不間斷地講求變化。

由於B型的人個性浮移不定，多少會顯現意志力不夠堅強，對穿著也不會十分重視，容易被人視爲馬虎之人。但是他們爲人正直，是不會說謊的老實人，性格磊落灑脫，有強而有力的行動力。

一般而言，B型的人個性隨和，態度親切，善於交際，話題相當豐富，相當喜歡湊熱鬧，偶爾也會跟著朋友瞎起鬨，而鬧成一團，在人群中頗能受到朋友的歡迎與愛戴。B型的人對人一律平等，不太會對別人存有偏見或差別待遇，態度和藹可親而不會憎恨他人。

B型的人具有多方面嗜好，對工作很認眞，但是個性卻反覆無常，做事也常會猶疑不定；不愛與人在固定的形式或框架中交往。

B型的人心思靈活多變，思想曠達極富創意，對於富有多重變化的工作會聚精會神，乃至廢寢忘食地去完成，即使偶有小過小錯，也會因他善於工作上的執行，永遠生氣蓬勃而掩飾過去。

在戀愛溝通方面，B型的人富有同情心且具有濃厚的人情味，心地很善良，使人樂於與其親近，對名利並不十分熱衷，很容易被別人所感動而落淚。有些B型的人甚至對於素昧平生的人，也很快就能夠給予十足的信任，所以堪稱是良好的戀愛溝通對象。

AB型：雙重性格才華洋溢

代表AB型的花卉爲紫羅蘭，AB型的人可謂是兼具了A型與B型的特質，因此是個雙重人格的血型。生性複雜，是自我表現慾很強的人，做事有計畫，但是沒有耐性，偶爾容易衝動，不過待人處世方面尚稱圓滑周到，很能夠把握工作要領，而且速度敏捷，且不喜歡墨守成規。

AB型的人有時會表現出多變的個性，他們在初次見面之時，令人有溫文有禮的感覺，但往往第二次見面時，反而變得有點冷淡陌生，這是受到A、B型兩者的互相影響，不過在待人接物方面卻十分周到，做起事來亦堪稱合情合理。

AB型的人打從心底討厭口是心非的人，具有強烈的批評精神，但是頭腦卻很容易疲倦。另一方面，不講人情也是AB型最大的特色，對於男女關係，他們覺得是再簡單不過的事了！給予人的感覺大多是冷漠而且缺乏人情味，但是又總覺得應該爲社會大眾做點有意義的事，如此生活才有意義，因此在社會中，AB型的人是頗受重視的。

在戀愛溝通方面，若能遇到對味的聽眾，AB型的人話匣子一打開就很難停下來。雖然AB型的人外表看起來典雅大方，而且言詞偶會顯得有些大膽，不過若眞想和他談一場戀愛的話，恐怕會比較累哦，而且也不容易談得來，因爲他們特有的個性，不太容易與別人融洽地相處。

O型：樂觀自我富正義感

代表O型的花卉爲向日葵，O型的人可說是人情味頗重的血型，性格上樂觀進取、開朗外向、意志堅定、有自信心、好出風頭、做事情有決斷力。實行力強，十分能幹，又具有領導的能力。他們也愛幫助別人，在處理事物時，往往會提出令人想像不到的好主意。

另一方面O型的人求知慾很強，十分好奇，他們也許偶爾會顯得自私自利，但是無可否認的是，他們也具有某種深厚的感情與同情心。

一般來說，O型的人仍然是正直且熱情的，只不過他們可以說是個慾望頗重的人，且又缺乏謙讓的心胸與氣度，十分講究個人與利己主義，因此爲了滿足心中的一股慾望，可以去做點小壞事，但也能夠做好事。

在戀愛溝通方面，O型的人言詞靈活，擅長演說，帶有獨裁者的個性，因此在社會交往中生性幽默，對於人、事、物都比較客觀，會用公正公平的心去判斷一切，極易獲得眾人的擁護，而順利取得領導性的地位。

加上O型的人個性開朗，喜歡講究派頭，出手十分大方，又喜歡結交朋友，善於和人稱兄道弟，所以常會左右逢源，是各種場所裡的中心人物。但是唯一美中不足的是，O型的人在戀愛溝通方面，往往黏度不夠強，在溝通過程中往往容易虛張聲勢而嚇唬別人。

星座與戀愛溝通

向前走走，陽光在那裡？心情走走走，
遍尋心靈的點點滴滴，你需要陽光嗎？
衆裡尋他千百度，驀然回首，原來陽光就在你心中。
—璩美鳳

星座的相關知識來自西方的占星術，在西方人的眼中，十二個星座就好像是我們中國人的十二生肖一樣。兩者除了同樣是以十二爲單位之外，雖然星座的名稱在天空中各有其特定的星座相對應，但大多數皆以簡明易懂的動物來命名。

自從星座的知識由西方傳入東方之後，目前星座的地位已經與血型一樣，變成一個相當普遍的日常用語了。本書特地搜集整理與戀愛溝通相關的十二星座資料，以饗宴廣大讀者。

首先請你在下列表列中的出生日期欄中，根據你自己，以及你的她（他）的出生日期，查出相對應的星座。同時，你也可以大致知道你與她（他）的守護星座，以及此星座的相關的優缺點。

十二星座與出生日期的相對應關係

星座	出生日期	守護星	優點	弱點
摩羯座	12月22日至1月20日	土星	嚴守本份	現實
水瓶座	1月21日至2月19日	天王星	接受度強	善變
雙魚座	2月20日至3月20日	海王星	仁慈	依賴
牡羊座	3月21日至4月20日	火星	坦率	衝動
金牛座	4月21日至5月21日	金星	耐心毅力	偏執
雙子座	5月22日至6月21日	水星	敏捷	膚淺
巨蟹座	6月22日至7月23日	月亮	溫柔善良	濫情
獅子座	7月24日至8月23日	太陽	自信	獨斷
處女座	8月24日至9月23日	水星	完美主義	挑剔
天秤座	9月24日至10月23日	金星	和諧圓滑	虛榮
天蠍座	10月24日至11月22日	冥王星	冷靜神秘	陰沉
射手座	11月23日至12月21日	木星	反應快捷	魯直

十二星座與星系的對應關係

屬性	星座
風象	水瓶座
	雙子座
	天秤座

屬性	星座
土象	摩羯座
	金牛座
	處女座

屬性	星座
火象	牧羊座
	獅子座
	射手座

屬性	星座
水象	雙魚座
	巨蟹座
	天蠍座

土象星座的共同特色

★做事小心謹慎，個性穩健樸實，屬於實事求是的族群，很容易搏得別人的信賴。

風象星座的共同特色

★不拘形式，機智聰慧，能冷靜因應感情問題，屬於相當理性的族群。

水象星座的共同特色

★生性細膩敏感，心地善良，感情豐富且情緒化，屬於相當感性的族群。

火象星座的共同特色

★熱情洋溢，朝氣十足，性格激烈，屬於相當有個性的族群。

星座＋血型

由前文中，我們已經分別瞭解血型與戀愛溝通的關係，以及星座與戀愛溝通之間的關係。現在我們要進一步地將四種血型與十二星座，花一些工夫參照性地整合起來，這樣我們就可以獲得以下四十八種不盡相同的人格特性。

戀愛溝通星海羅盤

A型魔羯

人格特徵

★A型魔羯座生性溫和，但對自己的信心稍嫌不足，有強烈使命感，懂得感恩圖報，但也很會記恨，幾乎是有仇必報。

溝通私房語

★在戀愛溝通方面，A型魔羯座很難經得起別人的嘲弄，她（他）的心靈十分脆弱，一不小心就會受到傷害。

B型魔羯

人格特徵

★B型魔羯座很顧家，對工作設想周到，賞罰分明，但只要你誠心誠意的認錯，多半會再給你一次機會。

溝通私房語

★與B型魔羯座戀愛溝通時，請善用你生涯規劃能力，聰明的B型魔羯座通常要在一切皆有保障與準備的情況下，才會對你動用真情。

AB型魔羯

人格特徵

★AB型魔羯座擁有雙重性格，外表看起來平穩適中，內心則會有些壓抑，天生給人一種對現況稍嫌冷漠的印象。

溝通私房語

★與AB型魔羯座戀愛溝通時，不要隨便跟她（他）開太沉重的玩笑，免得將她（他）們惹毛了很難善後。

O型魔羯

人格特徵

★O型魔羯座一般在個性上都很固執，意志堅定，自我意識相當強烈，具有優異的領導能力。

溝通私房語

★O型魔羯座戀愛溝通時，千萬不要躁進，但也不必氣餒，權宜之計就是，一步一腳印，慢慢走進她（他）的心中。

A型水瓶

人格特徵

★A型水瓶座做事認真，個性不太會黏人，同時也常會去極力維護自己的私密空間。

溝通私房語

★與A型水瓶座在戀愛溝通時，記得不必在亮麗外表上下工夫，而是要具備機智幽默，同時胸襟器量要大。

B型水瓶

人格特徵

★B型水瓶座懂得尊重自己，同時也會尊重別人，心地善良，周圍通常會有許多忠誠的朋友。

溝通私房語

★與B型水瓶座從事戀愛溝通，若不幸發生爭執時，切記要給她（他）們一段反思的時間與空間。

AB型水瓶

人格特徵

★AB型水瓶座具有雙重性格，雖然有時外表看起來會覺得有點冰冰冷冷的，但她（他）的內心卻非常溫暖。

溝通私房語

★在與AB型水瓶座戀愛溝通時，切記不要讓她（他）產生任何一絲絲的壓迫感，因為她（他）們需要思考空間。

O型水瓶

人格特徵

★O型水瓶座行事積極，個性獨立，腳踏實地，天生就不太會，也不喜歡在背後批評別人。

溝通私房語

★與O型水瓶座從事戀愛溝通時，多少會有一點死不認錯的心態，務必要儘可能誘導他（她）去培養戀愛溝通的器量。

A型雙魚

人格特徵

★A型雙魚座的性格，可謂是溫柔又浪漫，但他（她）常會覺得自己不夠堅強，所以常常需要別人的安慰與鼓勵。

溝通私房語

★A型雙魚座在從事戀愛溝通時，在感情的使用上，常會有點舉棋不定的感覺，因此儘可能採用溫柔體貼的方式來溝通。

B型雙魚

人格特徵

★B型雙魚座一般都會對金錢缺乏概念，個性十分恬靜，沒有半點心機，根本就是異性心目中的最佳夢中情人。

溝通私房語

★與B型雙魚座從事戀愛溝通時，她（他）們死不認錯程度，比水瓶座有過之而無不及，所以要多給她（他）留點面子。

AB型雙魚

人格特徵

★AB型雙魚座具有雙重性格，常會認為自己的上進心不夠，甚至可能會因此而心情沮喪，部分的雙魚座有自我放逐傾向。

溝通私房語

★AB型雙魚座生起氣來絕對是得理不饒人，所以在與她（他）們戀愛溝通的過程中，如果自己不對就趕快認錯吧。

O型雙魚

人格特徵

★O型雙魚座態度果決，態度強勢，自我意識強烈，在事業方面有顯著的企圖心。

溝通私房語

★與O型雙魚座的人愛情溝通時，有時會有理說不清，因此即便是錯不在自己也要將姿態放低，才有持續溝通下去的可能。

A型牡羊

人格特徵

★A型牡羊座個性溫和，有崇拜英雄的傾向，通常其所心儀的對象，就是常會令他（她）引以為傲的人。

溝通私房語

★與A型牡羊座戀愛溝通時，不生氣則已，一旦發起脾氣來可是六親不認，所以儘可能不要去激怒他（她）們的情緒。

B型牡羊

人格特徵

★B型牡羊座感覺敏銳，不拘小節，態度親切，但在性格方面可謂是既不吃軟也不吃硬。

溝通私房語

★與B型牡羊座戀愛溝通時，由於其軟硬不吃的個性，所以平時有小問題就要坦誠相向，絕對不要壓抑或累積問題。

AB型牡羊

人格特徵

★AB型牡羊座擁有雙重性格，雖然外表看起來正直且善良，但其內心世界卻隱含有幾分脆弱性。

溝通私房語

★與AB型牡羊座溝通時，切記要軟硬兼施，不要一味用軟的，尤其是談溝通或相互信任等話，反而會激起她(他)們的不屑。

O型牡羊

人格特徵

★O型牡羊座積極堅強，機智果決，平時待人處世圓融有禮，對於事物的觀察比較客觀。

溝通私房語

★與O型牡羊座戀愛溝通時，具有來得快去得也快的脾氣，一旦鬧起情緒來，最好先別急著理睬她（他），通常一小段時間後，很快就可以和她或他重修舊好。

A型金牛

人格特徵

★A型金牛座個性沉穩踏實，比較不擅長用甜言蜜語，通常會很有耐心地去等待自己所心儀的對象。

溝通私房語

★與A型金牛座戀愛溝通時，由於金牛座死不認錯，而且又固執的個性，記得要多為他（他）們保存顏面。

B型金牛

人格特徵

★B型金牛座很能抗拒羅曼蒂克的情境，他（她）所追求的是實實在在、看得到、聽得到、或觸摸得到的感情。

溝通私房語

★與B型金牛座戀愛溝通時，千萬要記得用軟性去導引，且要尊重她或他的感受。

AB型金牛

人格特徵

★AB型金牛座擁有雙重性格，心胸氣量看似異乎尋常地寬大，但卻明顯地區隔出一定的界限或臨界點，脾氣一來就像地牛翻身一樣。

溝通私房語

★與AB型金牛座戀愛溝通時，千萬記得不要在第三者面前，對金牛座做出任何的批評。

O型金牛

人格特徵

★O型金牛座樂觀進取，個性開朗，屬於那種很難生氣，但一生起氣起來就像是一座火山在爆發。

溝通私房語

★與O型金牛座戀愛溝通時，最好先弄清楚你眼前這頭小金牛，所能接受別人批評或建議的臨界點在那裡。

A型雙子

人格特徵

★A型雙子座外型看起來個性溫和，但骨子裡卻是點子特別多，甚至外人很難搞清楚他（她）們倒底又在想什麼。

溝通私房語

★在戀愛溝通時，A型雙子座的人脾氣來得快，但消氣也很快，因此在溝通過程中務必要小心因應。

B型雙子

人格特徵

★B型雙子座博學多聞，多才多藝，花樣變化特別多，可以同時欣賞好幾個風格不盡相同的異性。

溝通私房語

★在戀愛溝通時，B型雙子座對於自己說錯的話，或者做錯的事忘記得很快，所以只好一翻兩瞪眼了。

AB型雙子

人格特徵

★AB型雙子座具有雙重性格，情緒常漂忽不定，他（她）們甚至可以同時操控雙重乃至多重個性。

溝通私房語

★與AB型雙子座戀愛溝通時，一定要機智應變，順著他（她）的話鋒靈活變化，屬於一種機智型的戀愛溝通。

O型雙子

人格特徵

★O型雙子座行動力強，頭腦靈光，行動力強，作風乾脆具有決斷力，但對於工作的熱度不會很持久。

溝通私房語

★與O型雙子座戀愛溝通時，必須常提醒他（她）不要離題太遠，否則溝通的要點很快就會失焦。

A型巨蟹

人格特徵

★A型巨蟹座本性善良，心地單純，行為舉止中規中矩，才華洋溢，有點神經質的情緒化。

溝通私房語

★與A型巨蟹座戀愛溝通時，要多注意她（他）們其實天生就很沒有安全感，所以要用心去獲得對方的信任。

B型巨蟹

人格特徵

★B型巨蟹座頭腦轉得快，天生就有理財概念，平常總會表現出一副溫柔體貼的樣子，常會讓異性感動不已。

溝通私房語

★B型巨蟹座心地特別敏感，總是在擔心自己做得不夠好；所以在溝通過程中，不要吝嗇要多給對方肯定。

AB型巨蟹

人格特徵

★AB型巨蟹座具有雙重性格，平常黏起人來綿密體貼；但是一生起氣來可能會弄得你精神崩潰。

溝通私房語

★AB型巨蟹座總是會擔心別人對她（他）的愛會變少。因此，在戀愛溝通過程中，要不時強調你的愛沒有變。

O型巨蟹

人格特徵

★O型巨蟹座天生一副直腸子，作風乾脆具有決斷力，有時還會口不擇言地對你猛放狠話呢！

溝通私房語

★與O型巨蟹座戀愛溝通時，切記不要對她（他）們情緒化的語言太過認真，若不幸發生爭執，通常忍一忍就會沒事。

A型獅子

人格特徵

★A型獅子座是一頭溫柔的獅子，十分善解人意，在職場工作上，一直都有很優異的表現。

溝通私房語

★在戀愛溝通方面，A型獅子座多半會顧及自己顏面，而有相當好的配合度，但也要注意多培養雙方的溝通技巧。

B型獅子

人格特徵

★B型獅子座天生聰明，開朗又耀眼，相當具有異性魅力，但迷人又自信的微笑常會讓許多仰慕者望之卻步。

溝通私房語

★B型巨蟹座心地特別敏感，總是在擔心自己做得不夠好；所以在溝通過程中，不要吝嗇要多給對方肯定。

AB型獅子

人格特徵

★AB型獅子座具有雙重性格，在堅強的外表下，卻藏有一顆單純且多愁善感的心靈。

溝通私房語

★與AB型獅子座戀愛溝通時，要在顧全對方顏面的情況下，採用柔性的策略，比較能獲得接受。

O型獅子

人格特徵

★O型獅子座具備一股高貴的傲氣，平常很好面子，但發起脾氣來可是十足的驚天動地。

溝通私房語

★與O型獅子座在愛情通時，千萬在溝通過程中要採取低姿態，省得惹毛對方後就沒得溝通了。

A型處女

人格特徵

★A型處女座個性平穩，始終追求一種精緻的感覺，其實其本性非常害羞，在情緒的處上習慣採用壓抑的方式。

溝通私房語

★與A型處女座戀愛溝通時，不必費盡口舌，告訴她一大堆遙不可及的夢想，她要的乃是實實在在的人生。

B型處女

人格特徵

★B型處女座有高度同情心，對生活中的一切事物要想要求能盡善盡美，一生悶氣往往就是十天或半個月。

溝通私房語

★與B型處女座的人戀愛溝通時，儘可能全程集中心思，該認錯的時候趕快認錯，細心經營久了感情自然穩固。

AB型處女

人格特徵

★AB型處女座具有雙重性格，有卓越的分析批判力，能在一般人認為完美的情況下還能夠挑出毛病。

溝通私房語

★AB型處女座偶爾會主動與信得過的人聊聊；但在戀愛溝通過程中，卻不太希望自己受到無謂的打擾。

O型處女

人格特徵

★O型處女座才華洋溢，雖然常在口頭上希望能多接受別人的批評，一旦真的受到別人的批評時，並不是頂有雅量來接受的。

溝通私房語

★與O型處女座戀愛溝通時，切記想要讓處女座的人承認錯誤並不是件簡單的事，所以就不必去強自己所難了。

A型天秤

人格特徵

★A型天秤座個性冷靜，內斂，行為中規中矩，而且在其內心深處擁有優雅精緻的人生態度。

溝通私房語

★在戀愛溝通時，千萬不要被A型天秤座牽著鼻子走，否則，一旦他（她）心血來潮，可能一口氣就訓示你好幾個小時。

B型天秤

人格特徵

★B型天秤座談吐優雅，使人覺得聽他說話是一種享受，富有邏輯推理概念，一直在人生旅程中追求某種形式的平衡感。

溝通私房語

★與B型天秤座戀愛溝通時，要注意能始終保持自己的情緒平衡，以冷靜的態度來檢驗雙方所表達的觀念或論點。

AB型天秤

人格特徵

★AB型天秤座具有雙重性格，喜歡從各種角度去分析事情，期能找出一個公正而客觀的論點。

溝通私房語

★在戀愛溝通時，要善加利用AB型天秤座的好辯論性格，以及好勝的心理，只要你能說得讓他一時之間不知如何回答，他泰半就會甘心妥協。

O型天秤

人格特徵

★O型天秤座個性明朗，做事有條理，相當重視兩性之間地位的平等，且很容易獲得周遭朋友的敬畏。

溝通私房語

★與O型天秤座戀愛溝通時，一定要記得彼此都不要太固執或太過偏激，切記真理越辯越明，至於吵架則會越吵越淡。

A型天蠍

人格特徵

★A型天蠍座行為舉止方面中規中矩，雖然並不一定長得很美或很帥，但總是具有一種神秘的魅力。

溝通私房語

★在戀愛溝通時，千萬記得要坦誠相向，因為A型天蠍座天生有一雙敏銳的心眼，一眼就能看穿你的心思。

B型天蠍

人格特徵

★B型天蠍座具有行動力，有相當好的異性緣，故經常被其他同性視為在感情方面的潛在威脅者。

溝通私房語

★與B型天蠍座戀愛溝通時，記得一定要能忍受她（他）們如刀割在心口一樣的言詞。

AB型天蠍

人格特徵

★AB型天蠍座具有雙重性格，一旦天蠍座的人看上你，無論多大的阻力和困難，她（他）們通常都會義無反顧去克服。

溝通私房語

★與AB型天蠍座戀愛溝通時，要記得她（他）的脾氣總是來得快也消得快，所以別太去計較就對了。

O型天蠍

人格特徵

★O型天蠍座意志堅定，韌性很強，通常具有仇必報的個性，同時也具備有恩也必報的優點。

溝通私房語

★與O型天蠍座從事愛情溝通時，雖然難免會偶有爭執，但只要戰火一經平息，你馬上又會感受到她（他）無盡的溫柔。

A型射手

人格特徵

★A型射手座個性隨和，富有高度愛心及人情味，且對周遭的人比較沒有明顯的戒心。

溝通私房語

★在戀愛溝通時，記得想要成為A型射手座的情人，首先得努力成為她(他)的知心好朋友。

B型射手

人格特徵

★B型射手座人 追求自由不拘泥小節，不喜歡太多的束縛。對世界充滿了好奇，容易受到真情流露的感動。

溝通私房語

★在戀愛溝通過程中，B型射手座的愛情通常是從友情中產生，建議多由情感的方面切入。

AB型射手

人格特徵

★AB型射手座具有雙重性格，常常會為了找尋心目中相知相契的異性伴，而十分衝動地自己一廂情願墜入愛河。

溝通私房語

★AB型射手座比較是吃軟不吃硬，但是與她（他）做戀愛溝通時，也不要一味使用軟的，否則可能會吃定你。

O型射手

人格特徵

★O型射手座個性獨立，自律性很好，意志力堅定，富有些許俠義精神，有點自我但也有某種深厚的感情與同情心。

溝通私房語

★O型射手座在戀愛溝通方面，射手座的人心直口快，語氣甚至會有點狠毒，但其實沒有特別的意思，千萬別放在心上。

十二生肖VS.血型溝通命盤

命運有點像女人，假使你太熱情去追求她，她就要遠遠的避開你。
——察里斯五世

在中國的傳統文化裡，有所謂的「五行」、「十大天干」與「十二地支」，所謂「五行」是指火、水、金、木、土。所謂「十大天干」指的是我們很熟悉的甲、乙、丙、丁、戊、己、庚、辛、壬、癸等十個順序的排列符號。至於所謂「十二地支」，就是子、丑、寅、卯、辰、巳、午、未、申、酉、戌、亥等十二個順序的排列符號。

說完「天干」與「地支」所代表的意義後，接著我們要說明老祖先將十二地支與家畜的搭配如下：

子屬鼠；丑屬牛；寅屬虎；卯屬兔；辰屬龍；巳屬蛇；午屬馬；未屬羊；申屬猴；酉屬雞；戌屬狗；亥屬豬，於是我們就有我們東方人今天的所謂的「十二生肖」了。

東方人尤其是中國人常常會使用十二生肖，十二生肖不但可以用來說明年齡，也可以用來說明八字，甚至用來盤算每一個人的流年運勢，以及相關的命理研究等，不一而是。

在此我們要討論的是十二生肖與戀愛溝通，換句話說，就是要探討如何與屬不同生肖的人從事最爲適切的戀愛溝通，希望在知己知彼的情況下，在溝通過程中達到事半功倍之效。

在我們分別單獨瞭解了血型與戀愛溝通，現在我們可以用排列組合的方式，進一步將四種血型與十二生肖配對整合起來，就可以獲得高達下列四十八種不盡相同的人格溝通特質，讀者只要參照下表，按圖索驥一番，就可以順順利利，輕輕鬆鬆地掌握住自己心上人的戀愛溝通密碼了。

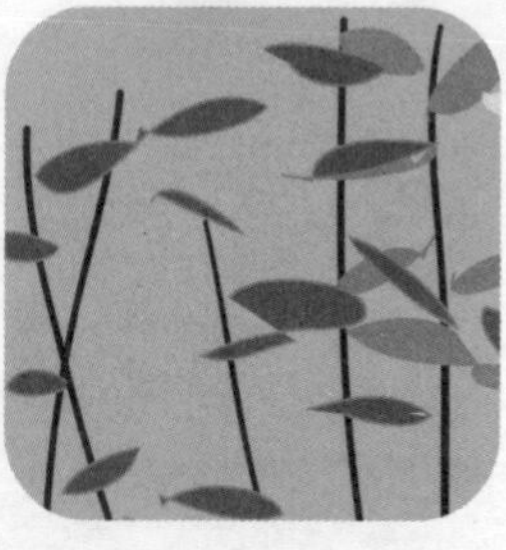

特質▼A鼠個性溫柔細心，生性愛乾淨，但聰慧的心靈中具有某種「悲觀」的因子，對社會或個人具有某種強烈使命感。

溝通高手—在戀愛溝通方面，A鼠常會處於被動地位，故言詞必須謹慎，時間久了才能獲得良好的溝通成效。

特質▼B鼠姿態優雅，能言善道，擅長交際，對工作與異性設想周到且細膩，是難能可貴的情人。

溝通高手—與B鼠戀愛溝通時，要善用你自己的某些感官直覺能力，且要注意始終保持紳士或淑女的風度。

特質▼AB鼠擁有雙重性格，感官敏銳，對環境的適應力強，個性謹慎，卻又鬼點子特多，有多角經營的手腕。

溝通高手—與AB鼠戀愛溝通時，要能多方面的支持鼓勵之外，同時偶爾也要能曉以大義，才能博得AB鼠的肯定。

特質▼O鼠意志堅定，做事一板一眼，十分精明能幹，求知慾望很強，在戀愛溝通方面還稱得上能夠坦然接受他人的意見。

溝通高手—與O鼠戀愛溝通時，除了儘可能滿足其好奇心外，還要多注意溝通過程中的器量問題。

特質▼B牛心地善良，常有意想不到的創見，生活經驗豐富，對一般事物觀察敏銳，相形之下，對異性情感則較魯鈍。

溝通高手—與B牛從事戀愛溝通時，要儘可能地創造一點羅曼蒂克的感覺，較能獲得圓滿的溝通成果。

特質▼AB牛具有雙重性格，有的異性會因其設想周到且細膩，而對他（她）非常地激賞；事實上，AB牛一點都不羅曼蒂克。

溝通高手—在與AB牛戀愛溝通時，對於機智與幽默要拿捏得好，否則可能會產生反效果哦！

特質▼O牛人情味濃厚，行事積極，腳踏實地，有堅忍的獨立個性，但對感情表達很含蓄，較不擅長戀愛溝通。

溝通高手—與O牛從事戀愛溝通時，務必儘量誘導他（她）強化溝通技巧，唯有如此，才能及時展現出他（她）們的內在美。

特質▼A牛是一頭敏感的牛，對於任何事物都很認真，當然包括戀愛溝通，但在方法的拿捏比較不夠精緻準確。

溝通高手—與A牛在戀愛溝通時，記得要一定要拋開保守心態，且要能化被動為主動，才能化阻力為助力。

特質▼A虎感覺就像一隻「乖乖虎」，或者是在戀愛溝通方面的「膽小虎」，較不輕易對異性道出內心熾熱的情感。

溝通高手—與A虎戀愛溝通時，要注重溝通周遭的氣氛同時，還要儘可能採用非常溫柔且充滿憐愛的言詞。

特質▼B虎不拘小節，沒有心機，擅於交際，不喜歡受到外在環境的約束，常因為愛面子而掩飾自己的缺失。

溝通高手—與B虎從事戀愛溝通時，要多給對方留情面，但又不可以只注意面子，而忽略到了裡子。

特質▼AB虎具有雙重性格，無論男女都渴望愛情戀愛，因不得其門而入，不是暫且避開愛情，可能霸王硬上弓。

溝通高手—在與AB虎溝通方面，千萬別以為他（她）既然會領導別人，應該會懂愛情，建議採最淺顯的戀愛溝通方式。

特質▼O虎意志堅強，做事態度果決，好出風頭，具有優秀領導者的特質，但比較不擅長對異性甜言蜜語。

溝通高手—與O虎的人愛情溝通時，千萬別因為他（她）虛張聲勢而受到嚇唬，多些甜言蜜語他（她）通常就會溶化。

特質▼A兔外表中規中矩，適應力強，金錢方面十分理性，但有時也會讓人覺得過度節省而產生「小器」感覺。

溝通高手—與A兔戀愛溝通時，他（她）可能會有百般挑剔的毛病，但可別跟他（她）一般見識，比較會留下好印象。

特質▼B兔儀態高雅，無論任何場合，都能受到賞識，性情浪漫且沉浮不定，特別注重生活情調與氣氛的營造。

溝通高手—與B兔戀愛溝通時，要選擇在優雅的環境或氣氛淡雅的地方，才能充分展現彼此戀愛溝通的效力。

特質▼AB兔擁有雙重性格，在態度從容的外表下；隱藏著一副不為人知的急性子，以及投機與見異思遷的因子。

溝通高手—與AB兔戀愛溝通時，要在溝通內容方面花點心思外，還要兼顧態度的優雅，以免被AB兔所挑剔。

特質▼O兔機智果決，不但待人處事方面十分圓融有禮；而且在做事情方面又有決斷力，但有點投機性格且私心有點重。

溝通高手—與O兔戀愛溝通時，必須儘可能地做到機智與幽默，藉以強化彼此愛情黏度，並能分析出事物的利弊得失。

特質▼A龍富有同情心，為人和藹可親，生性沉穩踏實，具有某種神秘的氣質，通常是晚婚型，有幾分「憂鬱」龍的特色。

溝通高手—與A龍戀愛溝通時，要能看透其絢麗外表下的孤單，藉著長期穩定的感情培養，將有事半功倍的效果。

特質▼B龍不拘小節，能充分對異性散發魅力，很難抗拒羅曼蒂克的情境，擁有多姿多采的愛情生活。

溝通高手—與B龍戀愛溝通時，若能花點心思來營造溝通的環境或氣氛的話，必然會有意想不到的效果。

特質▼AB龍擁有雙重性格，親情觀念較為淡薄，外型瀟灑溫柔且魅力十足，但內心世界卻異常孤獨，且多半不喜歡向人傾吐。

溝通高手—與AB龍戀愛溝通時，要能同時具備耐心與細心，才能突破他（她）們堅強的外表，而進入其孤獨的內心世界。

特質▼O龍個性開朗，樂觀進取，好出風頭，對許多事情都容易發生興趣，但通常也會很快就失去興趣。

溝通高手—與O龍戀愛溝通時，與其重視內容的多少；不如重視溝通的頻率，換句話說，要儘可能把握機會多說或多重複幾次。

特質▼A蛇雖然具有奮發努力的因子，但在戀愛上比較不容易對異性朋友掏心掏肝，而且還有很強烈的嫉妒心。

溝通高手—與A蛇戀愛溝通時，要心平氣和且小心翼翼地應對，記得與其糾正她(他)沒有器量；不如表現出器量給他看看。

特質▼B蛇雖然大部分時間個性沉靜，但偶爾也會與朋友瘋一下，有自我主張，有時會讓人有老謀深算的感覺。

溝通高手—與B蛇戀愛溝通時，必須先動之以情；然後再輔之以理，適切安排好一切程序後，再讓他（她）自行跳下去。

特質▼AB蛇具有雙重性格，雖然大部分時間疑心病真的是很重；有時卻又會莫名其妙地盲目信賴他人。

溝通高手—與AB蛇戀愛溝通時，就是要儘可能地避免對方產生不必要的誤解或起疑心，否則一切就免談了。

特質▼O蛇性格樂觀，富進取心，但在感情方面，佔有慾十分強烈，喜歡從工作或與人相處上獲得他人的肯定。

溝通高手—與O蛇戀愛溝通時，必須思慮忠誠，因為他（她）十分在乎對方，絕對不可以心有旁騖。

特質▼A馬懂得敬老尊賢，事親至孝，相當具有耐性與才幹，嚮往安定平穩的生活，有時想法與現實有點脫節。

溝通高手—與A馬戀愛溝通時，要能多重視溝通的態度，有守有為，落落大方才比較能引起A馬的興趣與共鳴。

特質▼B馬個性開朗，頭腦轉得快，行動敏捷，頗受同輩的愛戴，是個樂於助人的好好先生。

溝通高手—與B馬戀愛溝通時，要能聚焦來談論比較好，否則很容易因為取材太容易而比較會不時脫離主題。

特質▼AB馬具有雙重性格，做事有計畫，有果斷力，但比較欠缺耐性，遇到投契者可以聊上三、五天，不投機則半句多。

溝通高手—與AB馬戀愛溝通時，若能對味當然好，若感到聊不下去，也就別太勉強了，或者擇日再聊也勝過硬撐。

特質▼O馬個性開朗，頭腦靈光，行動力強，作風乾脆具有決斷力，但在處理人事的問題時較欠缺圓融與智慧。

溝通高手—與O馬戀愛溝通時，先跟上他（她）們的溝通節奏去說道理，然後再找適當時機去動之以情，比較會有實效。

特質▼A羊個性溫和，有一點膽怯心理，而且偶爾會有一點神經質，以及逃避現實的傾向。

溝通高手—與A羊戀愛溝通時，不但要記得多給對方鼓舞，同時也要多給自己打氣，絕對不要輕言放棄溝通。

特質▼B羊態度親切，相當具有異性魅力，對異性方面的依賴心比較重，對時間管理上的能力也稍嫌不足。

溝通高手—與B羊戀愛溝通時，要儘可能使對方產生相互信任感，千萬不要翻舊帳或互挖瘡疤。

特質▼AB羊具有雙重性格，耐性有限，個性比較不穩定，有時會給人有一種冷漠且陌生的印象。

溝通高手—與AB羊戀愛溝通時，要能察顏觀色，儘可能找個理想的時機，在表達上要力求明快果決而不拖泥帶水。

特質▼O羊性格剛中帶柔，一旦下定決心後，意念通常就會十分堅定，對許多事物總是具有很強的探究心理。

溝通高手—與O羊在愛情溝通時，千萬不要被他們聽起來有條有理的言論所嚇到，因為他們的理論與行動之間是有落差的。

特質▼A猴個性中庸平穩，內心感情豐富，具有某些特殊才華，常會以調整自身的態度來適應外在環境。

溝通高手—與A猴戀愛溝通時，建議要具備一顆靈巧敏銳的心思，且在言詞之間多少要有一點鼓舞的成份效果會更佳。

特質▼B猴喜歡熱鬧，有高度同情心，與人交談的話題相當豐富，擅於參與各種型式的交際活動。

溝通高手—與B猴的人戀愛溝通時，可以說是相當的怡悅，但建議別去急著討論男婚女嫁的問題。

特質▼AB猴具有雙重性格，外型典雅大方，言詞的使用上比較直且大膽，有時話鋒一轉，直來直往的風格常會讓人感到措手不及。

溝通高手—與AB猴戀愛溝通，建議要能始終沉得住氣，至少也要能做到心平氣和，伺機而動，並且要以不變應萬變。

特質▼O猴熱情有才華，待人親切，口才靈巧且反應很快，在與人交談上富有辯才且自我進取心強烈。

溝通高手—與O猴戀愛溝通時，必須注意每句話都必須是出自肺腑之言，且在溝通語氣上要富創新與變化才比較能捕捉住他（她）的心。

特質▼A雞嚮往安定平穩的生活方式，雖自認對感性與理性的分際處理得很好，但有時會有點逃避現實的味道。

溝通高手—A雞在戀愛溝通方面，比較嚮往柏拉圖式的戀情，建議以豐富多姿多采的內容來取勝。

特質▼B雞雖然富有人情味，但比較不喜歡到外在環境的束縛，而且總是會在穿著或心思行為上不斷講求變化。

溝通高手—B雞戀愛溝通時，要注意能自己的心思儘可能靈活變化，而且在思想方面也最好能曠達且富有創意。

特質▼AB雞喜歡廣結善友，自我表現慾望強烈，有時對於兩性之間的情感比較無法定下心來。

溝通高手—AB雞在戀愛溝通時，不要一味地被對方牽著鼻子走，一定要把握機會多以感性的口吻來套住AB雞的心。

特質▼O雞做事有條理，個性明朗，好出風頭，富有創意，但為人處事比較不懂得謙以待人的道理。

溝通高手—O雞在戀愛溝通方面，通常在黏度上不會很強，建議以持續不斷的寬容與對事情的解析條理來因應較佳。

特質▼ A狗個性溫和，生性穩重踏實，行動中規中矩，但有時會給人有一點放不開且不夠開朗的感覺。

溝通高手—與A狗戀愛溝通時，要常記得在雙方有冷場時，要立即能化被動為主動才好。

特質▼ B狗個性穩重，忠誠善良，敏感度不錯，性格磊落，有強有力的行動力，但偶爾會在個性方面較固執。

溝通高手—與B狗戀愛溝通時只要本著真誠的原則，將會獲致十足的信任，稱得上是一個還不錯的戀愛溝通對象。

特質▼ AB狗具有雙重性格，自我表現慾強，做事有計畫，不太容易接受他人的意見。

溝通高手—AB狗在戀愛溝通方面，直來直往，比較沒有耐性，所以要長話短說，並且儘可能說得有條理些。

特質▼ O狗具有擇善固執的個性，意志力堅定，感情上有慧劍斬情絲的魄力。

溝通高手—與O狗從事愛情溝通時，儘可能不要使用負面言詞，甚至模擬兩可的言詞，當然也不要將自己的脾氣放進來。

特質▼ A豬個性溫和，生性穩重且踏實，不太表達內心的感覺，但卻又具有強烈的內在情感。

溝通高手—由於A豬對戀愛溝通常處於被動地位，因此對A豬要採行主動誘導方式。

特質▼ B豬不拘泥小節，態度隨和，富有高度愛心及人情味，容易受到感動。

溝通高手—在戀愛溝通過程中，建議多由情感的方面切入，B豬稱得上是值得信任的的戀愛溝通對象。

特質▼ AB豬是一隻雙重性格的豬，做事有計畫，腳踏實地，有時個性會有一點衝動。

溝通高手—與AB豬談戀愛溝通時，似乎不太容易找到話題，然而一旦找到就很難停下來，因此要適時放慢雙方的談話節奏。

特質▼ O豬的意志堅定，富有些許俠義精神，有點自我或自戀的感覺，但也具有某種深厚的感情與同情心。

溝通高手—O豬在戀愛溝通方面，思慮要儘可能地周延，多多把焦點集中在比較務實的事物上，比較會有事半功倍的效果。

PART5

字母記憶愛情

Accept 接受

戀愛是兩個人相互探索，彼此之間是否可以相投、相知、相愛的一個過程。眞正的愛，不全然是要求對方改變，或期望他必須更好；而是眞誠地接納他眞正的樣子。因爲「世界上根本就沒有十全十美的人」，這句話是千眞萬確的，尤其是兩個人一起並不如兩塊合得來的積木，必須互相遷就著，既然要愛他或她，就必須接受他（她）原來的樣子。

某些情侶之間的溝通的障礙，有時恰恰出在意識形態或人生觀方面，因此，我們在從事戀愛溝通時，必須互相瞭解對方的人生觀，甚至意識型態。一般來說，男女之間的人生觀還可以多多少少聊一下，或許可以藉著相互的諒解來反省以及調整彼此的人生觀，因而有效提昇彼此的戀愛溝通品質。

但是對於意識型態方面，還是最好不要將它納入戀愛溝通的領域之內，因爲男女之間的觀念性溝通，如果牽涉到意識型態的問題，便很難找到客觀的標準。下面是一個有關接受的小故事：

戀愛溝通小故事 fall in love story

接受的小故事

小倩與男朋友阿偉之間的感情生變後，近兩年來小倩始終不曾打開心門，且再也不肯接受別人的愛。

旁邊的朋友都以為她還在惦記著「曾經滄海難為水」的阿偉，以致不願意去「接受」其它的戀情。

前男友阿偉在經不起衆多好友穿針引線，且受到感動的情況下，終於回頭想與小倩再續前緣，但小倩卻直接了當地拒絕了他。

阿偉問：「為何不再給我任何機會？為甚麼就不能重新考慮再『接受』我呢？」

小倩淡淡地說：「其實我並非忘不了你，我捨不得的是從前相戀的那段時間，但是我們再也回不到過去了！」

Believe 相信

情侶之間的戀愛溝通，若不能給對方充分的信任，或者經常以懷疑的語氣盤問對方的話，通常這種相互猜疑的態度，很有可能會影響到雙方感情的穩定程度。事實上導致情侶之間信任度下降的原因，也可能是因爲雙方之間產生謊言，換句話說，「謊言」多了，雙方的互信就會變少，同時謊言也可能是有顏色的喲！至少可以區分爲黑色與白色兩種。

情侶雙方既然有緣相愛在一起，就要互信也要完全的相信，要瞭解也要諒解；要道歉也要道謝；要認錯也要改錯；要體貼也要體諒；是接受而不是忍受；是寬容而不是縱容；是支持而不是支配；是寒喧而不是質問；是傾訴而不是控訴；是難忘而不是遺忘；是彼此交流而不是凡事交代；是爲對方默默祈求而不是向對方諸多要求；可以浪漫但不要浪費；可以隨時牽手但不要輕言分手。

Concentration 專心

在從事聽覺型的戀愛溝通時，最重要的修爲就是要專心傾聽，專心傾聽別人說話是一種十分高貴的情操，這種情操值得我們一輩子去學習培養，因爲傾聽的藝術不只是聽別人說話而已，而且還能呈現出一種高貴的專注態度：「我正在專心聽你說話哦！因爲我尊重你、喜歡你、愛你，所以我是眞心地想瞭解更深層的你。」或者是：「我傾聽你說話，那是因爲很可能會有那麼一天，我同樣會十分渴望你在我身旁專心聽我的心聲。」

其實，每個人都需要被傾聽！很多人說男女的感情問題來自於溝通不良，結果終於找到了機會，努力溝通一番後卻發現不溝通還好，愈溝則愈不通，原因就是出在於只會不斷地自顧自在說，而完全忽略了要去傾聽對方的聲音。

換句話說，在戀愛溝通過程中，常常是專心地聽比只顧在說重要許多。即便是我們面對平常的人際溝通時，如果不被傾聽的話，我們的內心都會感覺到沒有受到尊重，何況是與我們最親密的人溝通呢？因此，情侶之間既然想要作戀愛溝通，就要願意用耐心去傾聽，用眞心眞情來交談分享，而不去妄下判斷或批評，因爲能耐心傾聽對方心裡的感受是十分重要

的。因此，與其一味地堅持對方必須接受自己的想法，不如先靜下心來聽聽對方是怎麼想的。先對別人的情緒及觀念感同身受之後，再進一步溝通自己的想法，對方才可能會降低心裡那道防禦的城牆，彼此的心靈才有可能會袒裎相見。

其實「傾聽」可以區分爲許多層次，最低的層次是只聽到對方說話的聲音，卻不太清楚對方所要表達的意思！眞正的傾聽不只是聽對方的語言，更能聽懂對方沒說出的心意。試想想看，誰不希望能夠讓對方瞭解自己的意思呢？無奈通常每個人都急著要講，搶著要表達自己自以爲是的觀點，而不願眞心地傾聽對方，所講的話即使再有意義最後也會變得沒有意義，更何況是強詞奪理呢？

Devoted 全心全意

愛一個人當然要全心全意，一隻腳踏好幾艘船是很難行得通的，結果大多數會導致分手一途，更會令彼此難過！所以，努力做到全心全意是一定要的啦！現在請來聽聽小倩最近失戀的愛情故事吧！

fall in love story
戀愛溝通小故事

全心全意——

某一天，失戀的小倩獨自一人坐在公園的長凳子上哭泣……

一位滿頭白髮的婆婆向她走過來輕聲的問：「妳怎麼啦？為何哭得如此傷心？」

小倩抽抽噎噎地說：「嗚…我好難過…阿偉…阿偉他為何狠心離我而去！」

未料白髮婆婆聽了卻哈哈大笑，笑完接著說：「你真笨！」

小倩有點生氣的說：「嗚…妳怎麼這樣…人家失戀已經很難過了，你不安慰就算了，竟然還要取笑我？」

白髮婆婆微笑著回答：「傻姑娘！妳根本就不用難過嘛！真正該難過的是他啊！」

小倩不解地問：「為甚麼？」

白髮婆婆：「因為——妳只是擺脫了一個不能『全心全意』愛妳的人；而妳的男友阿偉卻是失去了一個『全心全意』愛他的人，還有就是——愛別人的能力。」

聽了小倩失戀的愛情故事後，為了進一步描述「全心全意」的感覺或意境，在此摘錄一段新疆地區的山歌，雖然只有短短的三、四句，看了之後，想必你會對「全心全意」有更為生動的認識囉！

郎心剛似虎，妾情柔如羊，
願為虎口食，甘苦任郎嘗。

——新疆山歌

Enjoy 享受

戀愛溝通的技巧乃是藉著長期語言的表達、思考，以及相互間的瞭解而慢慢培養出來的。不要一開始就逼迫自己對戀愛溝通有絕對的信心，因爲自信心乃是奠基在對過去很多次成功溝通經歷的記憶上。因此，平時在從事戀愛溝通時，就要逐漸建立起足夠的自信心。

戀愛男女間的溝通，應時時注意彼此要立於平等的地位——平等的人生觀、平等的關愛、平等的溝通，並且最好能各自具備平等獨立的人格，才能去享受愛情溝通中的喜悅。所以要學習著去欣賞對方，享受這段愛情帶給彼此的窩心、快樂、幸福。唯有如此，雙方才會愛得更愉快，因爲眞實的世界中並不存在十全十美的人，因此，千萬不要只會抱怨，只會在雞蛋裡挑骨頭，既然沒有十全十美的話，那就慢慢改變自己去適應吧！

Freedom 自由

雖然戀愛很容易讓雙方天天黏在一起，但也應適時給予對方該有的自由，以及保持自己內心小秘密的權利。因爲，對方雖然是你或妳的另一半，但畢竟不是我們的奴隸。因此，要努力克制自己不要讓對方覺得他（她）跟你在一起，就如同被困在牢籠裡的寵物一般。所以，假如你眞正地愛一個人的話，請給他（她）下列三種自由：

讓他自由地生活得像他自己。

讓他能夠自由自在地，在彼此的心靈空間來去自如。

讓他樂於自由自在的溝通。

情侶之間一旦有了過多的期望，不論我們獲得多少，但總是比期望的還要少；相反地，當我們眞正地瞭解到不要對感情有所苛求時，我們反而比較容易覺得自己擁有了一切。另一方面，眞正的愛不太可能在一夕之間產生，而是需要時間、努力和耐心去培養出來的。或許有的情人常會說：「你必須好好愛我喲，因爲我是你最親密的人。」但他（她）可能忘了，其實愛只能自由地給予而不能去強求，因爲無論我們想獲得的愛有多少，但我們所能眞正能得到的，也只是對方眞正「自由」給予的部分。

Give 付出

愛情雖然未必是你付出「多少」，便會分毫不差地回收「多少」。但是若不用心付出，則絕對會毫無所獲。因此，對你的情人，應該對自己一樣，毫無保留的付出才算得上是眞愛。

在戀愛溝通所表現出來的態度方面，男人總喜歡表現出一副「忠心不貳」的態度，來向對方表達其深沉的愛意，並且喜歡用願意負責週邊所有大小的雜事，來延續彼此之間的親密關係。然而女人在戀愛溝通所表達出來的態度方面，則是以願意「爲愛犧牲」來表達她對異性綿密的愛意，但是女人必須要靠感動來持續灌溉。換句話說，女人希望她的情人能夠常常帶給她的是一種感覺被捧在手心上受疼愛的感覺。

然而男女之間在爲對方付出的同時，也應該考慮到付出的手段是否得當？因爲有些男人或女人眞的就是完全不能寵，一旦某一方表現得「可以依賴」，另一方可能就會得寸進尺或貪得無厭。對此，希望在合理可以接受的狀況下，男女雙方都儘可能不要讓自己的付出變成一種「委屈」。因爲感恩的心雖然能夠付出愛，但卻不一定能夠穩定眞正的愛情。

男女之間的愛戀，有時並不僅僅是毫無條件地愛對方，而可能是愛對方所能爲他作的事物。因此，當妳愛一個有能力回報你的人，卻不要求任何付出時，對方可能會喜歡妳或感激妳，但卻不會眞正地愛妳。因爲彼此有條件的付出或犧牲自己，反而促使對方眞誠地看待與彼此的尊重。

H-Heart,Honesty心，誠實

愛情最重要的內涵就是一顆誠摯的心，彼此之間必須眞心對待、用心去愛對方。坦誠溝通的先決條件，就是彼此之間要互相信賴，若是其中任何一方沒有用心付出，又怎能期盼能從相戀中獲得眞心相愛呢？

所謂良性的溝通，就是溝通雙方都沒有委屈，也沒有遺憾，如果任何一方有挫折或有犧牲的話，上述溝通關係馬上就會動搖。情侶之間的相處，與其想盡辦法要在爭執中佔上風，倒不如多花點心思去縮短彼此間的心靈距離，這才是積極的解決之道。

總之，我們對待感情的心態固然要嚴肅，但是對溝通的態度卻不必過於斤斤計較；與人爭論時，若能誠懇地說出內心的話，將會爲你贏得友誼；口是心非的人，事實上只會令人感覺到虛僞作假。對此，阿偉告訴我們一個關於鄰居張叔叔心懷不軌的戀愛溝通狠笑話：

戀愛溝通 狠笑話

我可以得多少？

阿偉的鄰居張叔叔打電話給外商保險公司，不久，保險公司就派業務員到張叔叔家中，經過洽談之後，張叔叔替太太購買了一份理賠金額非常高的意外保險。

簽約手續順利完成之後，保險業務員收拾好公事包準備告辭時，張叔叔神秘兮兮地問業務員說：「如果我太太今天晚上死了，請問我可以得多少？」

業務員再度打開公事包，拿出一本小冊子仔細查閱一番，又再拿出計算機演算了一陣子，然後看著張叔叔滿心期盼的臉龐謹慎地說：「根據我剛才計算的結果，張先生大概總計可以獲得——二十一年又七個月的有期徒刑！」

Independence 獨立

情侶們的寂寞有時並不只是形體上的孤單，事實上，最寂寞的人往往就生活在人群中。每一位年輕人，都必須有勇氣去談戀愛，去失戀，去追求伴侶，或者偶爾適時地保持獨處，因爲害怕孤單而戀愛的人，很難營造健康美滿的感情生活。

雖然熱戀中的情人總會說：「我是爲你而生的！」其實，每個人都有自己獨立的生存空間，而不應該過份依賴對方，平時可以常常交出你的心，但卻不是完全委託給對方代爲保管，這就好像彼此可以常常站在一起，但卻不是每天都牢牢地黏在一起。如此不但會成爲對方的沉重負擔，甚至可能不小心會形成一種多餘的累贅。

愛情的結合並不在於去限制對方的主體能動性，而是要激發彼此更大的力量，使彼此更能發揮自我，且能互相激勵成長。因此，戀愛中的情侶要學著不要去設定自己爲對方最重要的人，學習不要以爲非要霸佔對方大部分的時間，才是完整的愛情。因爲形影不離的愛情很容易造成彼此的壓力，天天膩在一起久了難免會產生厭煩，甚至也會不時產生一些摩擦。

當女人對男人表現出一種很強烈的依附現象時，男人通常就會情不自禁地害怕擔心起來。因爲男人天生就比較怕煩、怕黏；他們總是下意識地認爲，只要有任何東西黏在身上的話，就會將他綁住而直接妨礙他的一切行動。所以，有時妳要是越是對他黏答答，反而會害妳追他追得苦哈哈。

總之，天天見面的戀人不一定就是感情好；而沒有天天見面的戀人也不一定感情會變差，重要的是兩個人是否心繫對方，是否能給彼此多一點信任、多一點空間，這樣的戀情也是不錯的喔！但是也不必刻意要保持什麼空間；因爲「空間」必須是基於對方的體貼與心領神會所給予的。

Jealousy 妒忌

情侶們在熱戀的過程中，適當的妒忌或吃醋其實並無傷大雅，因爲它可以適切地表現出你對自己的親密愛人是多麼的重視。因爲只要是戀愛，雙方大概就不太可能感受不到生命最大的激動，有時也免不了酸甜苦辣的情味。但還是要切記僅僅是合情合理的妒忌，因爲假如是毫不講理的大發雷霆地妒忌，則很有可能會導致惹人反感的效果。

事實上，有時候在戀愛溝通的過程中，妒忌的心理或情緒並不見得會起源於情侶之間，而可能是產生於周遭的人、事、時、地、物上。下面有一個關於阿偉與他的女強人經理之間的一段小故事，正可以說明上述的情形：

戀愛溝通小故事 fall in love story

誰在忌妒？

話說阿偉與女朋友小倩之間的感情，已經穩定到論及婚嫁的程度。趁著年終分紅，手頭寬裕之便，阿偉高高興興地買了鑽戒，並且立即向女強人型的經理請假。

阿偉：「報告經理！下星期四下午我想請半天假。」

女強人型的經理望了阿偉一眼問：「有甚麼事嗎？」

阿偉以略露窘態卻又帶興奮的口吻輕聲說：「我想正式向女朋友求婚。」

經理上下打量了阿偉一番後說：「求婚？你考慮清楚了嗎？」

阿偉大大吸了一口氣，以平和的語氣回答：「我想是的！經理。」

經理義正嚴詞地說：「你難道沒有聽說過婚姻是愛情的墳墓嗎？我看你再去考慮幾天後，再來找我請假好嗎？」

阿偉沉思了片刻後，淡淡地說：「報告經理！既然是這樣的話，那麼——我直接改請『喪假』好了！」

上面的小故事說明了，阿偉的女強人經理所呈現出來的行為，若非是對異性之間的感情有強烈的不安全感；就很可能是對阿偉與小倩之間的感情發展，在不知不覺中產生了莫名其妙的妒忌心理。如同你還想多感受一下這種令人又怕又愛的妒忌感的話，下面還有一小段雲南魯甸地區的情歌，它對男女之間的疑惑與妒忌感，描繪得十分深切。

小小聲來細小聲，人心更比江水深，
不見鯉魚不下網，不說實話不放心。

——雲南情歌

Kiss 吻

「吻」也就是所謂的「接吻」，也有人稱之爲「親嘴」，更有的地方稱之爲「打啵兒」。無論在名稱上如何去稱呼，唯一不變的是「吻」所使用的媒介乃是嘴巴，論及「接吻」的起源，可以說已經有相當悠久的歷史了，下面是一個有關探討接吻起源的故事：

fall in love story
戀愛溝通小故事

接吻的由來

人類最初第一個接吻的遊戲，據說起源於亞當與夏娃，經過的情形大致是這樣的：

有一天炎熱的午後，夏娃倚靠在伊甸園的大樹蔭下沉沉睡去，花園裡忽然飛來一隻小蜜蜂，當牠看到夏娃美麗的臉龐時，頓時一陣暈眩而產生了錯覺，並且將夏娃的紅唇誤認為是花朵。

小蜜蜂於是輕輕地停到夏娃美麗動人的雙唇上，正準備要吸取花蜜時，此一情景恰巧被護衛在夏娃旁邊的亞當看到了。亞當深怕蜜蜂會刺到他心愛的夏娃，於是匆忙中就用嘴唇去吹氣，企圖在不會吵醒夏娃的情況下驅走蜜蜂。未料在慌忙之中前腳一滑，亞當的嘴唇剛好就落在夏娃的紅唇上。

夏娃驚醒過來時，看到亞當一臉錯愕的表情，非但沒有半點生氣，反而覺得心頭有一種難以言喻的喜悅感，這就是世界上接吻事件的起源。

☆★☆★☆

戀愛中的男女，可以吻在情人的手上，也可吻在情人的臉頰上、額頭上、嘴唇上，甚至還可以在空氣上或其它任何地方。換句話說，關於情侶之間的戀愛溝通，有時輕輕的一吻，絕對可以勝過千言萬語；深情款款的一吻，則可以將你對她的疼惜表現無餘。所以，遇到該吻的時機，請千萬不要吝嗇你的雙唇。下面有一段綏遠的地方情歌，對「輕輕的一吻」的意境有至為生動的描述：你給她小親親，捎上一句話：

你就說三天三夜，沒吃沒喝，不說不道，
不言不語，面黃肌瘦，但想她呀，卿卿。

—綏遠情歌

Love 愛

既然說是愛情，沒有愛又怎會有情呢？本來愛就跟喜歡不同，愛一個人，你必定會願意高高興興地爲他（她）做任何事，這就是一種愛的表現。因此，不妨多跟他（她）說：「我愛你！」擔保比任何禮物更能令他（她）來得甜蜜開心。

世界上有許許多多人，經年累月地跟著愛的感覺走，但有時他（她）所表現出來的行爲非但沒有愛的成份，甚至還具有愛的破壞性。因此，眞正的愛並不全然是跟著感覺走，而是一種追求心靈的成長過程。

縱使愛的感覺是沒有限制的，但是一個人所能付出的愛卻是有限的，因此我們必須愼重選擇愛的對象。排山倒海而來的愛並不是愛情的唯一類型，眞正的愛是一段經過審愼考慮的程序後，全心全力投入的決定。

Mature成熟

雖然舌頭的重量眞可謂是微不足道，但是卻很少有人可泰然自若地控制住它。在愛情的國度裡必須成熟到懂得去寬恕對方，因爲他（她）既然是你最在乎的人，對方要是情緒低落的話，你自己大概也高興不起來了。

爲什麼大多數的人的初戀總會無聲無色地慘敗？因爲年輕人都戀愛得較幼稚。當一個女人慢慢成熟起來就會發現崇拜不是愛；充其量只是其中一種少女情懷。同樣地，墜入情網也未必就是眞正完整的愛：因爲墜入情網常常會涉及與性有關的愛慾情愁。即使是在墜入情網之後，如果彼此之間不去善加經營規劃，遲早終會有一天可能灰頭土臉地被趕出情網，甚至是狼狽地逃出情網。

其實不只是女生必須在戀愛中慢慢成熟，事實上男生也一樣，因爲人格的成熟相對地會使雙方的愛情成熟穩固，直至開出理想的花果。畢竟沒有女孩子會喜歡或能忍受一個大男人沒頭沒腦地，經年累月地蹦蹦跳。事實上當一個男人慢慢成熟起來也會發現，因爲想要去擁有自己的尊嚴而和自己的親密情人過不去，其實他是和自己過不去。

Natural 自然

很多人在戀愛初期都會將自己的所有缺點統統掩飾起來，變成一個完美的人，日子久了缺點就淋漓盡致地浮現，常令對方目不暇給，雙方通常會以不愉快收場。其實男女之間的相處，如果眞喜歡，就自自然然地伸出手或說出來讓對方知道，既然決定要付諸感情，其實最好要什麼就說出來；你的情人總不能天天都在猜測你的心思吧！

因爲愛是互相自然的，關懷也是互相自然的，當然包括在戀愛溝通過程中所使用的詞彙，也必須是協同一致的，才不致造成雙方在戀愛溝通過程中產生不必要的誤解，總之，千萬不要過度做作，自然流露的愛情也才能夠永保細水長流。

下面是一個有關阿偉與小倩的戀愛溝通小故事，僅用來博君一笑：

fall in love story
戀愛溝通小故事

自然的表白

小倩在情人節時，很自然地對男朋友阿偉說：「親愛的！我喜歡一束9999朵的進口玫瑰花！」

阿偉：「嗯！」

小倩在自己的生日時，也自然地對阿偉說：「親愛的！我喜歡選購法國香水。」

阿偉：「知道！」

聖誕節時小倩說：「親愛的！鑽石代表永恆。」

阿偉：「我知道！」

有一天，阿偉與小倩逛街時經過精品專賣店，小倩又很自然地說：「親愛的！我……」

阿偉未等小倩說下去，急忙插嘴說：「等一下，寶貝！妳可不可以喜歡便宜一點的東西？」

小倩想了一下，笑咪咪地看著神情有點緊張的阿偉說：「可以啊！其實——我最喜歡你了。」

Observe 觀察

說到戀愛溝通中的觀察，事實上就在溝通的過程中，不但要專心「聽對方說話」，同時還要用心觀察對方說話的情緒、態度，觀察對方的情緒性語言與肢體語言等。一般而言，戀愛溝通中所使用的語言大體上可以區分爲下列三種：

第一種屬於社會性語言：係指日常生活中所使用最簡單，一般象徵性且最普通的語言。舉例來說：「你幾點鐘過來?」「趕快起床啦!」「我現在很忙。」

第二種爲情緒性語言：又有人稱之爲「心理語言」，是一般人不太瞭解，也不是直接用嘴巴來表達的語言，但卻對戀愛溝通有著十分深遠的影響。

在溝通過程中，傾聽者必須十分專心地用心去聽情緒性的語言，才能聽出對方內心世界的意思。

下面一段迷你故事可以說明上述情緒語言是如何被運用的：

戀愛溝通小故事 fall in love story

咖啡匙也會說話

在一個深秋的午後，火紅的楓葉飄覆大地，阿偉與小倩相約在「左岸咖啡館」一起喝咖啡，當侍者將兩杯風味獨特的卡布奇諾咖啡端上來後。小倩含情脈脈地注視著阿偉說：「親愛的！下星期的情人節你有什麼計畫嗎？」

阿偉隨口回答：「最近工作很忙，我還未思考這個問題呢！」

小倩聽了之後，沈默不語，只是攪拌咖啡的茶匙的聲音顯得特別大了些。

☆★☆★☆

事實上就在溝通的過程中，不但要專心「聽對方說話」，同時還要用心觀察對方說話的情緒、態度，觀察對方的情緒性語言與肢體語言等。

在上面這個迷你故事的對話中，小倩很顯然因為男友阿偉對下星期的情人節毫無準備而心生不滿，她雖然在當下保持沉默不語，但卻已經用咖啡匙表達出自己不滿情緒的反應了。至於男友阿偉是否「聽」得出小倩的情緒語言中的意含，或者是阿偉故意要在下星期帶給女友一個特大驚喜而不是「驚怒」，則是另外的問題了。

第三種為行為語言：這是最不會矇騙對方的非口語表達，也就是我們在溝通時，甚至還未開始說話時，臉部所流露出來的各種表情。包括：手勢、站立的姿勢、距離等。在從事溝通時，一般人大多只會回應對方陳述的內容，亦即是社會語言的部分。例如，上面「咖啡匙會說話」的迷你故事中，即便是阿偉未能「聽」出咖啡匙所說的話，但也可以藉由觀察而瞭解到女友的情緒語言。免得可能因為忽略掉對方的情緒，而在接下去的一整天或好幾天跟女友相處起來都是怪怪的，且可能會有更不幸的事情發生。

事實上若不去認真地觀察，或者對情人情緒性的語言視若無睹的話，對方終將會以更大的情緒或行為來激起我們的負面情緒，甚至還有可能隨之而來的是，讓我們自己長久陷入負面情緒控制中，最後更又造成相當不愉快的溝通與結果。

歐提曾說：「當男性學會始終溫柔地對待異性之後，他才能成為一個真正的男人。」因此，無論你是男生或女生，一定要常提醒自己：「愛他（她）就要保護他（她）！」世界上最幸福的人就是能找到一個自己喜歡的人，而那個人也是真心的喜歡妳，並且還要好好珍惜著妳，以及天天保護著妳。

如果你讓女孩子在感情上產生失望的感覺，她將會無法專心於日常工作。反過來說，如果妳讓男孩子在工作上失意的話，他可能就因此而無法專注於經營彼此之間的感情。

所謂健康的愛除了要保護對方，讓對方不致受到任何的屈辱，保護對方能快快樂樂，幸幸福福過日子之外，還要記得僅能給予對方，他（她）所需要的東西，而不是給他一切他所希求的。

事實上所謂婉轉的溝通，也同樣只是儘可能地使用無害的詞藻，來表達一件對方可能不怎麼愛聽的實情。譬如說：「我因為愛你至深，所以才甘冒風險違逆妳的觀點，因為我不想讓妳逐漸變成那種我所不能忍受的人。」因此，男女朋友雙方在平時溝通時，就要多學習去保護對方的同時，也要儘可能地在對方尊嚴不受損的情況下，適時地向對方說真話。

Quiet 沉靜

生氣（anger）和危險（danger）兩個英文字，只在字首上有一字母「d」的差別，情侶之間因爲生氣所產生的結果或下場，通當都是具有危險性的，這個時候，如果懂得去將心沉靜（quiet）下的話，生氣不滿的情緒通常也會很快就能平息下來（quiet down），因爲想要有效控制住自己的情緒必須使用腦袋，這就好像想要與情人溝通必須要用心的道理是一樣的。

提供以下的愛情溝通小書簽，作爲您下次情緒不穩時的參考妙方：

愛情溝通小書籤

{如何quiet dowm?}

當你覺得生氣時告訴自己：「我不太喜歡這樣，所以必須先『沉靜』下心來想辦法改變。」

覺得傷心時告訴自己：「原來這才是我想要的，所以必須先『沉靜』下心來想辦法獲得。」

覺得害怕時告訴自己：「我要先『沉靜』下來思考一下，將來才能專注於失敗和痛苦上，並順便問自己事情真有這麼可怕嗎？」

覺得自責或後悔時告訴自己：「先行『沉靜』下來，將事情發生的始末考慮清楚，如果自己真的錯了，那就得儘快想辦法來補救。」

Receive 接納

馬克吐溫曾經說：「女人總要面臨一個抉擇：跟大家喜歡的男人結婚不放心，和大家不喜歡的男人結婚卻不甘心。」其實男人也未嘗不是如此。無論男女雙方如何去抉擇對方，如果完全不能獲得對方的接納，或者接納的程度不夠的話，也很難獲得穩定的幸福感。

因爲愛情在一開始時，大體上來自於種種滿足感及正向的情感，促使雙方當事人希望在親密關係中，持續獲得愉快的經驗。因此，當我們愛上一個人時，我們就會希望獲得對方完全的接納，並且情不自禁地想從對方身上，持續性地獲得美妙的正向經驗。然而愛情有時也會令人感到失望或帶來負面的情緒，這種時候通常就會產生失望或衝突，且會造成當事人身心的壓力與憂鬱。

我們應該體會到，情侶之間其實要接納對方，並不是件挺容易的事情。除之此外，情人對你所做的付出，千萬不要表現得無動於衷，如此會讓他（她）像在嚴冬被潑到一盆冰冷的水一樣。而是要常常感念他（她）的付出，更應該以欣賞的態度去接納這份情誼，才能讓彼此間的感情更上一層樓。

Share 分享

我們在愛一個人時，總會很想知道對方的感受、價值觀，以及對生活的觀感，因爲人們常會對自己無法掌握的事感到沮喪。但是若有言詞不能表意的時候，其實我們還有許多有效的方法來表達溝通，因爲愛的極致就是要能夠心領神會的，要能共享彼此內心感受。

就像有句廣告詞一樣「再忙，也要和他（她）喝杯咖啡。」常常記得分享彼此的喜、怒、哀、樂，因爲不斷分享的過程，絕對會讓彼此之間的親密關係更加的綿密，否則既不懂得去分享，又不去多多鼓舞對方的話，很有可能會讓彼此之間產生疏離感。

事實上，即便是女人最終選擇分手一途，並非完全因爲她們不滿足男人所能提供的物質，而極有可能是因爲她們的精神不滿足。情人之間的快樂和痛苦都要有人分享，如果沒有人能分享的人生，無論面對的是快樂還是痛苦，都將形同是一種沉重的懲罰。

因此，青年人的戀愛應提昇兩人的親密度和承諾，多一點彼此心靈世界的分享，以及溝通與關懷，才能有效提昇愛情深度與廣度。

Try 嘗試

由於傳統的東方男性不擅於表達感性的語言；而絕大多數東方女性又被傳統文化塑造成必須具備被動的矜持，所以雖然好不容易才遇上一段良緣，男性剛開始大都說不出話來，而女性雖然有話說，但又被教育成要採取被動的姿態，最後可能會出現尷尬的情境，甚至雙方或其中一方可能會以爲對方沒有意思，而錯失一段千載難逢的良緣，這將會是一件終身遺憾的事。

總之，奉勸想要戀愛的男女們，千萬不要再自我設限，而要多加嘗試才能爲將來營造無限寬廣的新領域。事實上，有時很多事情想開了，再壞也不過是這樣，或許應該慶幸自己早些遇到夠壞的情境，好讓自己往後的日子更順暢些，其實——人生不就是這麼一回事！

因此，情侶們在平時相處的過程中，記得要常常試著以眞誠的態度，去恭維或稱讚一下你身邊所愛的人，如此不但能彌補我們東方人在先天上的不足，同時這也是一種難能可貴的戀愛溝通方式。

Understand 明白

莎士比亞曾說：「想要和一個男人相處得很愉快，妳必須多瞭解他而不必急著去愛他；要想和一個女人相處愉快，你卻必須多愛她而不必想去瞭解她。」的確，對於你自己的情人，請你要在平常就能多瞭解他（她）的爲人，雖然你不是他（她），但是有時候，也可以嘗試著猜猜他（她）內心的觀點或感受。長期這樣經營的結果，可以有效避免在緊要關頭產生諸多不必要的猜疑與誤會。

大多數的男士們總會認爲，既然雙方關係如此親密，彼此之間有甚麼不滿就要開口說出來，絕對不要悶在心裡面，這樣才能讓對方瞭解問題出在哪裡？也才能讓對方早點知道，彼此之間又何必猜來猜去費工夫嘛！男人有時甚至天眞的認爲如果不把讓自己不舒服的事情說出來，就沒有改善的機會。因此，表達不滿就是爲了點醒對方，儘快解決眼前的問題，而且總會相當堅持，以爲這是一種健康且善意溝通的表現。殊不知在戀愛溝通方面，男人與女人所使用的途徑大大不相同，男人的溝通大多靠著用嘴巴說出來；女人的溝通則大多數是靠她們用細緻的心去感受。

總之，男生表達內容多爲一連串的資料數據，而在傾聽時只想知道事實的眞相如何。至於女生的表達多是一些自己內心的感覺或情境，她們想知道的也集中在別人內心對事件的感覺或過程上。

然而，對男人來說有一點無奈的地方在於，女人們總認爲如果男人眞的愛她或在乎她的話，就不可能感覺不到她內心的觀感或想法，即使她沒說出來他也該知道，因爲那已經是非常清楚的情緒了嘛！

如果男人不夠用心話，那即便是說出來又有甚麼用處呢？或許面臨戀愛溝通的兩性之間都共同忘記了一件事，其實男人對異性的敏感度多是短暫的，一般來說，男人的敏感度通常要在他感覺到有危機才會展現或再度復活。

Vow 誓言

戀就戀，打定合同六十年，
打定合同六十年，誰人心偏就先死。

廣西山歌

上面這一小段廣西地區的山歌，對男女之間的誓言有十分生動的描述。事實上愛情是針對那些能夠滿足我們內心渴望的人，所產生的一種強烈而有力的感覺。

一般來說，對方愈能滿足我們的渴望和需求，我們就會愈喜歡她。但是切記不要貪得無厭地持續從一個人身上獲得愛情。

專家認爲愛情應該包含親密、激情和承諾三個元素，親密包含相知相惜的情感，以及有效的溝通和彼此之間的關懷；激情屬於愛情中的浪漫與身體吸引力；承諾則是要肯定對方的地位，並且願意爲愛情付出。

一般而言，青少年之間所產生的愛情，激情的元素比較強烈，而信守承諾的成份則比較淡。而且，大多會「以貌取人」且偏愛俊男美女，當任何一方發現更漂亮或更英俊的玩伴時，感情便會比較承受不起考驗。

培根曾說：「少年愛在嘴上；中年人愛在行動；老年人愛在心裡。」雖然人人都可以對天發誓：「我發誓會愛你一生一世，否則……。」事實上誓言的內容並不是頂重要；最重要的還是要有一顆信守承諾的心。

否則雖然在當下可以令對方覺得你很愛他（她），但在事過境遷之後，若不能用心去呵護維持，再甜蜜或絢麗的誓言，終究會有分崩離析的一天。

Willing 願意

由於東方女性在成長過程中，傳統文化不鼓勵女性直接陳述自己內心世界，因此東方女性慣於用迂迴的方式來表達自己的內心世界。至於東方的男性，則因爲習慣性地「男兒立志在四方」，所以常常搞不清楚，倒底女性想要他表達甚麼樣的訊息？

因此，有時女性難免會覺得男性沒有溝通的意願，或者是問東答西的，完全沒有任何溝通的誠意可言，事實上女性的確比男性對負面的訊息較爲敏感，常會在溝通的過程中產生自我否定或壓抑情緒的行爲。

接下來，小倩要告訴我們一個有關「願意」的小故事，而這個故事中的女主角就是她的室友小茹。

fall in love story
戀愛溝通小故事

我願意

小倩的室友小茹個性忠厚老實，但外型長得有點抱歉，小茹平常雖然不怎麼愛運動，但她卻非常喜歡看籃球比賽，而且是幾近到達癡迷的地步。

因為小倩曾經陪小茹去看過幾次球賽，最令小倩覺得不解的是，小茹每次去看球賽的時候，總是特別指定要購買籃框後面的位子。有一次，小倩終於按奈不住好奇就問：「小茹！籃框後面的位子，視野又不好，妳為何每次都買這種爛位子呢？」

小茹神秘地看了小倩一眼說：「小倩！妳有所不知，我喜歡看到許多高大英挺的陽光男孩，不斷地向我奔跑過來！」

看了上面的故事後，我們不但感受到小茹「心甘情願地」痴痴地看著她的陽光男孩，同時她也自我假定一大群陽光男孩都具有奔向她的「意願」。

Expression 表達

兩個人的相處，有什麼想說的就用心去表達，不管是對的、不對的、關於他（她）的、關於你的、關於大家的你都可以表達你的意見或觀點。雖說有時候也可以偶爾讓對方猜一下你的心意，但如果這樣行不通，那就是你該要嘗試表達一下的時候了。

戀愛可以看作是兩個獨立的個體相互探索的認知過程，由於過去在彼此的天地中大都沒有對方，或者盡是一片空白。因此打從戀愛開始以後，雙方就會無時無地不斷地藉著各種形式的溝通，來逐一地從認識對方的現在到認識彼此成長的過去，以及把彼此的生命意義連接起來，建築彼此共同的未來，這一整個過程其實就是一件很感人心扉的事件。當你很愛、很愛一個人的時候，通常你就會想把這種愛的感覺儘可能地描述出來。所以，熱戀中的情人通常也是才華洋溢的詩人，因爲愛情本身，本來就是一件不容易衡量的東西。

Yield 退讓

縱然是甜蜜的戀愛生活，有時也會有令人心醉的時候，可能是因爲長期不良的溝通令雙方心碎，也可能只是因爲日常繁瑣細碎的小事所產生的摩擦。因爲有時縱然只是芝麻綠豆的小事，但若爭執久了一直未能妥善溝通解決的話，也會導致兩性的交往產生許多不必要的迷惑，有時甚至會成爲分手的導火線。既然本來就只是一些瑣碎的小事，爲什麼會這麼難處理呢？追根究柢起來，就是當下不能讓一讓或緩一緩。

當然，讓也要讓得心服口服，而不要讓得很難過，否則次數多了就會覺得壓力很大，那就更談不上還要再作深入的戀愛溝通了。其實，戀愛溝通眞的還是需要智慧的，有些戀人在溝通時可能會很有power，或者說是很powerful；但是卻未必眞的會有溝通的智慧。只要是兩個人在一起，難免就會有爭執，但是請千萬記得：「忍一時，風平浪靜；退一步，海闊天空。」「脾氣一來，通常福氣就會走了！」還有——絕對不要想都沒想一下，就對對方說：「我們分手吧！」有些感情是絕對會讓你遺憾終身的！

Zest 熱情

燒火不燃要火燃，情哥不玩要哥玩，
好比後園嫩紅豆，慢慢牽籐慢慢纏。

貴州山歌

既然是身處在熱戀中的情侶，熱情洋溢通常是必然的，同時也是必要的。唯有如此，才能在情人眼前展現青春、熱忱與活力，同時若能多對情人表現一些熱情，你將在對方的眼神中看到幸福的吸引力。

當然，即便是稱之爲「熱情」也不宜熱過了頭，而完全流失人格上成熟穩重的風味；但也千萬不要冷過了頭，而讓人感受到垂頭喪氣地。尤其不要忽冷忽熱地情緒起伏不定，會讓你的情侶在心情上好像在洗三溫暖似地，心臟可能會承受不了，請看一段阿偉與小倩的熱情急凍術小故事，來感受一下熱情是如何急速降溫的。

戀愛溝通小故事 fall in love story

熱情急凍術

彩霞滿天，落花繽紛的河邊公園，阿偉與小倩手牽著手在隄岸漫步——

阿偉柔情浪漫地問小倩：「親愛的！我可以抱妳嗎？」

小倩：「……」

阿偉的熱情冷卻了大半：「我可不可以抱妳嘛？」

小倩：「……」

阿偉熱情完全「冰凍」後，有點不悅地說：「喂！妳沒聽到我在說話嗎？」

我在問妳說『我可以抱妳嗎？』」

小倩慢慢地抬頭，看了阿偉一眼：「……」

阿偉似乎快要崩潰了，好像是在咆哮著說：「小倩！小倩！妳是耳聾嗎？我……算了！」

小倩終於「真正」的，淡淡地說話了：「噢！讓我看一下你的手——是骨折？

還是斷掉了好嗎！」

從上述的小故事中，雖然我們可以感受到阿偉與小倩之間，可能由於情緒表達過程中所產生的誤解，而影響到彼此熱情的快速衰退。

PART 6

立場大不同

愛情溝通的立場

所謂戀愛溝通的立場，係指我們在從事戀愛溝通時，必須清楚地認知到男女有別，男人在乎關係、女人在乎感覺。由於兩性特質與想法有其根本上的差異，自然所表現出來的溝通觀點會有所不同。

根據輔仁大學在前些年的研究報告中指出，兩性情感需求排行榜如下：女性最重視的是經常性地被關懷；其次是受到再三的肯定；最後是自己的想法受到尊重。至於男性感情需求排行榜，則依序分別爲能力受到肯定；才華被異性所激賞；所付出的努力受到感激。

因此，如果男女雙方都能試著去瞭解到對方的差異性，自然就可以儘量避開爭執的引爆點，共同創造溝通的正面效果。

值得一提的是，中國傳統的男人一直受到某種制約，被要求成去扮演陽剛性的角色，而女人卻是必須能惹人憐愛。因此，古人說：「男兒有淚不輕彈」，男人掉淚會被冠上懦弱的名號，東方的男人既然必須是保護者，所以他們必須是堅強且威武的，絕不允許將脆弱的一面表現出來。

除此之外，在一般東方人的觀念認爲「男兒立志在四方」，男人的成就是來自於事業的發達與社會地位的提昇，而不是靠另一半的依賴。整天浸淫在浪漫愛情裡的男人，常被視爲沒出息的，或者甚至會被周圍的人稱之爲「小白臉」。

因此，東方男人儘管在職場上可能是溝通高手，但是面對情人時，卻一點辦法也沒有，甚至可能會變成口吃臉紅，甚至語意表達不清，同時這也就是許多東方男性，面臨女性試著與他們溝通談話時，總會拒絕敞開心扉的癥結所在。

總之，上述社會價值所塑造出來的男性角色特質，多少都會造成爾後愛情發展過程中，兩性互不對等的溝通關係。因此，大多數的女人常失望於男人總愛將事業擺在第一位，甚至還會將朋友擺第二位，等到第三位才想到她。

女人生命的原動力大多來自於另一半對她全心全意的愛，女人通常會爲此而願意爲情侶或另一半做出任何形式的犧牲。至於對工作的觀點，女人認爲工作只不過是賺取薪水，同時不致與社會脫節的某種活動罷了。

事實上，男性也會有產生危機意識的情況，那就是他感受到彼此關係可能已產生某種程度的動搖，這也就是爲何男人總是最忌諱女人背叛他，一旦他認爲被戴上綠帽，嫉妒的怒火會讓他失去平日的理智，此時再好的修養抑或是再高的學歷大體上皆會失控。

至於女人的危機意識，則大多來自於她感受到自己在對方心目中地位的降低，這是爲什麼女人最在意的是自己不是另一半的最愛，一旦她認爲有第三者比她更值得老公的注意與關愛時，再怎麼Lady的小女人也會有驚人之舉的表現。

從「第三者」立場看戀愛溝通

我們生長在今天這樣一個多元化的年代裡，男女接觸與相識的機會相當頻仍，於是有不少人一個不小心，就因經不起誘惑而陷入粉紅色危機。固然，照理說勇敢地追求自己所愛，是值得鼓勵的，但若是因爲自己的不小心而成爲第三者，進而傷害了別人，那就有待商榷了！何況又沒有認眞去面對感情的話，類似的愛絕對是難以長久維持的。

換句話說，並非不可以或不能去愛一個人，但愛也要愛得光明正大，切忌不要偷偷摸摸地交往，否則不但會傷及無辜，最終自己可能就是最大的受害者。

莫讓「第三者」有機可趁，在愛情的道路上被「第三者」介入的事件，乃是時有所聞的。

歸根究柢，介入的原因相當多，各種狀況不一而是，也許眞的是其中一方不夠溫柔或不夠體貼，甚至或許是對方不再能夠牽動自己的心了。然而不管理由是什麼，事實又有多殘酷，當事者雙方或三方，還是必須勇敢且有技巧地去面對。

也許有人會說，如果情侶之間的感情夠穩固的話，「第三者」就不可能介入成功，否則就代表著情侶之間本來就沒有緣份。話是沒有錯，但換個角度想一想，感情再怎麼融洽的情侶，總會有鬆懈或有瑕疵的時候，如果未能做即時有效的溝通，而造成男友朋友之間進一步橫生誤會，豈不是很不值得嗎？

或許有人會說「愛，是可以超越恨的。」但是愛若要超越恨，或許要有著極高的EQ才行。有些人的愛情觀是很「潔癖」的，無法容忍情人犯下一絲一毫的錯誤，更別說是感情的背叛了。

所以，愛能不能超越恨，得視各人人格發展情況而定，我們倒是不必過度對此來著墨太多，而我們所要探討的只是要由「第三者」的立場來看戀愛溝通，倒底是怎麼一回事？

戀愛溝通 狠笑話

瞄準阿偉

小倩的好友小茹問她說：「如果阿偉有外遇，妳會怎麼樣？」

小倩漫不經心的回答：「我會睜一隻眼，閉一隻眼。」

小茹以懷疑的口氣說：「喔！妳真有這麼大方？」

小倩篤定地說：「不對！我是指——用一把槍瞄準他。」

何不跟「第三者」比一比？

一旦處於被「第三者」成功介入的情況下，相信一定很少有人能夠暫且放下不滿情緒，坦然坐下來好好溝通一番。關於「第三者」介入時的戀愛溝通方式，即屬於不同立場的溝通，首先必須正面地去檢討自己爲什麼會被「放棄」，男人不再愛女人，並不代表女人就一定不好；同樣的如果女人不愛男人，也並不代表男人就出了問題，那或許僅是代表雙方之間的戀愛溝通出了問題，以致再也無法在溝通過程中感受到兩心契合的感動而已。

所以，妳（你）與其大喊：「是他（她）辜負了我，不懂得珍惜我的好！」「爲什麼要拋棄我？」不如暫且靜下心來自己反省檢討一下，最好不要將所有的過錯都推到對方身上，因爲逃避責任或許會讓自己心情好一點，但卻不是最好的方法，也不能去誠心檢討到底自己哪裡比不上「第三者」？

自己不能讓異性久久珍惜的原因出在哪裡？而彼此戀愛溝通不順暢的原因又出在哪裡？不管理由是什麼，都只有一個事實，就是第三者已經介入了。

「一哭二鬧」適得其反

的確，每個人都有追求自己幸福的權利，在現實的人世間，感情的付出與回報通常是很難獲致公平的，有時雖然我們心中的幸福是她，但湊巧她心中的幸福剛好是別人也說不定。

大多數介入他人感情的人，最常用的理由就是：「如果我能成功介入別人的愛情，那一定是他們原本的愛情就有裂痕，所以我只是促成他們原先不完美的愛情早點分手而已。」

聽起來，好像非常的合理，實際上卻沒有什麼道理。因爲兩性之間的相遇只要一開始不太排斥，就會像廣告的效果一般，慢慢地會去接受對方的感情，且也會覺得相處還不錯。

所以，當你在接納第三者之前，也許也該務實地考慮一下，自己是不是對方想要擁有的幸福呢？值得一提的是，即便是在第三者介入時，女人儘可能克制自己不要陷入「一哭二鬧」的情境，這樣可能會適得其反。

因此，與其讓自己因憎恨而變得面目猙獰，不妨讓自己更美麗一點，無論是外在或內在，就會散發出一種充滿自信的魅力，即使眼前這個男人或女人已經不再愛你了，但並不表示天下所有的異性朋友都會將你遺忘。

「舊愛」or「新歡」？

至於說在戀愛溝通方面，到底要先選擇與「舊愛」溝通；還是先選擇與「新歡」來溝通？這一點眞的是很難講，必須得先看「舊愛」與「新歡」各自的人格特質而定，如果自己原本就與「舊愛」之間的相處沒有大問題的話，溝通起來理所當然地應該會比較順利；但如果與「舊愛」之間已到達水火不容的地步，也許就比較難以去著手來溝通了。

但是，令人覺得弔詭的是，既然與「舊愛」之間的相處還不錯，甚至於兩人已有了相處上的默契與共識，那麼又何必選擇要與「新歡」來大肆溝通呢？因爲要對「新歡」心動是很容易的，畢竟與情人相處久了，總有些問題會浮上檯面，而「新歡」因爲只是心動，尚未進入交往階段，自然會覺得美好很多。

然而，「新歡」就眞的會這麼完美嗎？談過戀愛的人應該都會瞭解，每段感情遲早都會有難以預期的困境出現，而且更殘酷的是，每一個「新歡」終究都會變成「舊愛」，差別大概只在於時間的早晚，以及解決的難易程度而已。

如果眞的與「舊愛」之間已無情份可言，原本親密情人之間的相處，最終已變成了一種折磨的話，能走上分手一途倒也落得輕鬆。那麼，就在儘可能不傷害雙方的前題下，勇敢放棄吧！畢竟已無感情的戀愛，再談下去可能仍是毫無結果。但是人生的旅途只能前進而不能後退，一旦做出了選擇，就只能勇敢地去面對囉！

可是若與「舊愛」之間的感情依然存在，如果眞的還愛著對方，則千萬不要衝動地說要分手，也不要輕言放棄！更不要裝作一副無所謂的樣子，分手的剎那也許眞的會覺得失去也無所謂，甚至分手的剎那之間，可能會帶來一絲報復的快感。但是，如果養成了在爭吵時就輕言分手的話，那麼，將來的愛情，也會很容易會以分手收場，而永遠也難以留住任何一顆有緣的心。

不要逞一時之勇

如果在吵得面紅耳赤時所說的分手只是一種氣話，眼睜睜地看著愛情從自己的指縫中溜走，那將會是一生難以抹滅的遺憾！人生中最痛苦的事情之一，莫過於內心底層長年存在著一個深愛的人，卻因爲自己一時的衝動而提出分手，而讓彼此不能長相廝守。

在爭執的當下，只要雙方都能各退一步，或者其中一方肯節制約束一下自己，把不該說的話嚥下去，雙方好不容易才建立起來的一段愛情，也就不會走到覆水難收的地步。

知名作家張愛玲曾經說過：「時間無涯的荒野裡，沒有早一步，也沒有晚一步，剛巧趕上了。」恨早或恨晚的愛情，其實都是一種遺憾，都只能眼睜睜地看著它錯過；只有在對的時間，愛情才能突顯出美麗。

畢竟相愛總是比較容易的，若是硬要放棄一段已有良好基礎的感情，進而投身一段新且未知的戀情，結果是好或壞其實充滿了更多的變數。因爲愛情裡會發生的狀況差異不大，若沒眞的改進自己的個性，或是沒好好地與情人溝通，就算換了上百個情人，也一樣會遇到困境，所以，還是好好去珍惜瞭解身邊的親密情人吧！

有時問題出在選擇太多

人類有時就是因爲在生命中有太多的選擇，所以才會變得常會想去違反規則，生活在現今經濟繁榮且兩性互動頻繁的體系下，大多數的人在感情方面總會有很多的選擇，也正因爲有太多的選擇，反而更容易使自己在當下就迷失，完全不確定自己要的是什麼？所以常會顯得在感情方面舉棋不定，或者乾脆就腳踏兩艘船。

因此，對部分的人而言，有時候沒有選擇反而會比有選擇好，因爲他們往往對身邊默默付出的人不懂得去珍惜。

有時候，幸福常在一念之間，雖然有些人犯了一次感情的錯誤後，的確會再三犯錯；可是如果眞的願意再愛一次，或相信她（他）只是一時糊塗，事實上是可以再給她（他）一次彌補的機會，那就再爲愛情努力一次吧！只是，不論你（妳）原諒與否，都必須有結果可能會更好或更糟糕的心理準備，並且還要能夠勇敢地去承擔才行。

PART 7

愛無所不在

愛在眼神中

秋藍兮青青，綠協兮紫莖。滿堂兮美人，忽獨與余兮目成。

—楚辭．九歌．少司命

上面所說的「目成」，其實就是今日所說的「眉目傳情」、「暗送秋波」、「臨去秋波」、「含情脈脈」，以及更直接一點就是「眼睛放電」的意思。「西廂記」中也有一小段關於眉目傳情的不朽佳句：「怎當他臨去秋波那一轉，便是鐵石人，也意惹情牽。」另外也有現代的人說：「情侶之間若沒有目光對視，就沒有所謂的戀愛溝通。」

的確，情侶目光的交會可以傳達千萬語，情侶之間目光的對視與眞誠的對話，會使彼此感覺到自己受到尊重，彼此的自尊心也才能得到滿足，也才能提昇雙方的「自我價值感」。

然而在眉目傳情的過程中，男女雙方都必須注意彼此間的溝通視線，這裡有所謂的「溝通視線」，並不是專指物理學上所能測量得到的高度，它不但是無形的，而且是一種感覺或想像的觀點差距，同時也是根基於戀愛溝通雙方端視彼此的觀點，而且溝通視線必須儘可能地要與對方的情緒上的高度相吻合。

總之，戀愛溝通本身就是一種親密的溝通，這種溝通最大的挑戰在於，必須能夠毫不掩飾地坦承自己內心的感受。當然在陳述之前也多少要做一點心理準備，那就是你所喜歡的對方是否已經接受你所傳達的訊息?事實上你只需要看對方的眼神就可以大致明白。

因此，戀愛溝通在某個角度上，也可以視之爲一種全方位的探索，每一次溝通總會有新的發現。在使用視覺型的戀愛溝通時，一定要注意觀察，其涵蓋面包括溝通時的肢體語言、動作、目光接觸以及眞誠心態。所以，下次我們在眉目傳情的當下，最好能夠輕輕握住對方的手，在溝通全程要以肯定且眞誠的眼神注視著對方，藉以表示彼此更深層的的專注。

情書的魅力

情書是莘莘學子們最常用的戀愛溝通方式，文筆特好如拿破崙一樣的，可以「一書定終身」，如果文筆稍遜一點，甚至完全沒有情書的概念也無所謂，一封情書定不了情的話，可以寫兩封，或者寫上百封以後，不但可以感動郎心或芳心，而且文筆也在不知不覺中練好了。

情書非但可以表達戀愛者內心的複雜感情，同時情書也就是情侶之間透過文字所展開的「愛情攻勢」。值得一提的是，通常情侶們在寫情書給對方時，會爲了爭取對方的信賴和好的印象，多少總會情不自禁地將自己對她的愛意，透過「優美的詞藻」作某種程度地誇張陳述，在深情款款地書寫過程中，有時終究難免會與現實狀況脫節。

事實上用情書作戀愛溝通的最大好處在於，首先它可以把嘴巴「不好意思」說出來的東西用文字表現出來；其次是情書的書寫過程中可以塗塗改改，將文詞作最感人肺腑地修飾；最後的好處在於情書還具有某種特殊的收藏價值。

依妹and熱妹

電子郵件的英文為E-mail或Hotmail，因此有時下年輕人直接將它翻譯為「依妹兒」、「依媚兒」或者是「熱妹」與「熱妹兒」。無論怎麼去稱呼它，電子郵件對我們現代人已經產生十分深遠的影響了。

也許是基於現代的人大都多少有些寂寞吧，而且是那種產生在心靈深處的空虛感，縱然在萬頭鑽動的人群中，也存在著一種莫名的孤單，有時總會在最脆弱時分竄上心頭，進而引發出內心深層更沉重的孤寂。因此，有空最好，沒空的話就抽個空吧，寫封E-mail給你最仰慕的人，哪怕只是簡短的問候，想必都會產生許多意想不到的效果喲！

事實上即使一般孤男寡女，也常常搞不懂自己到底是太重感情，還是太薄情寡義？有時抓起了電話筒想和他（她）說說話，但又拿不定主意，深怕打擾到人家，久而久之，漸漸疏遠、漸漸陌生直到有一天，甚至可能連對方的電話號碼都給忘了。此時，更會顧忌到對方會不會早忘了自己，而再也沒有勇氣拿起電話了，這個時候事實上就是使用依媚兒是最為理想的時間點了。

依媚兒所能表達的感情不單單是愛情，還有親情和友情，甚至還有許許多多無法界定的感情，反正都是「情」就對了！

事實上我們也可以試著捫心自問：「眞的有這麼忙嗎？」有句廣告詞中不是就說過：「再忙，也要陪你喝杯咖啡。」說得多感人啊！若有心也有情，本來就應該是努力追求這種境界的。

說使用E-mail的優點，還不止於上面這些呢！其實你完全不必顧忌到他（她）是否有時間與自己說話，所以不用頻頻拿起電話又再度猶豫不決地放下電話。E-mail還有快剪快貼且快編的特性，影像及聲音的快速製作以及迅速寄達的優勢，能夠及時表達自己內心深處的濃情蜜意。

總之，藉由E-mail的方便快捷，縱然隨著時間的流逝，感情已不復當年那般濃郁，但總是能及時知道一下對方的消息。事實上，有時並不是眞的因爲寄信的內容有多吸引人，而在乎的是，想看看到底是誰寄信來了，那種溝通的感覺眞的是很不錯哦！

除此之外，由於工作及生活形態的快速變遷，現代人不太喜歡「有意圖、有目的」的接近，同時也沒時間耗在噓寒問暖的客套話上，因而使得兩性之間在感情的維繫上也比較難以去掌握。

儘管現在已經到了網路通信的時代，很少有人能夠在內心稍有感動的時候，就立刻可以找到知心的人分享，因爲有時自己雖然在興頭上，但話筒那端傳來的第一個訊息卻是：「上了一整天的班，我累得就像一條狗，所以……」。事實上此時最適合雙方聯繫的方式就是寫一封E-mail。在鍵盤上敲打完圖文並茂的內容之後，按下滑鼠就可以傳送出去，既不用擔心會打擾到對方疲憊不堪的身軀，又可以在對方彈性時間內分享彼此的內心世界。

情侶們真的是可以用E-mail溝通的，因爲E-mail有體貼又包容的特色，它能包容每一個人的生命中有太多的責任與不得已，使人學會不急著馬上就強迫別人將自己的觀點硬是要收下，而是靜靜地等候在那裡。它的特色在於我們自己可以在不用操心會干擾別人的情況下，隨時將自己的思念寄發出去。

在成熟的戀愛溝通國度裡，不必去太過計較是誰先伸出手，也不必去奢求馬上或及時獲得同等量級的回報，只要多爲別人著想，並且享受「付出」過程中的喜悅，這也就相當足夠了。

網戀

網絡時代已經正式到來，任憑誰也無法迴避此種趨勢，我們已逐漸地習慣上網看氣象報告，在網站上收聽廣播，甚至在網站上理財投資，網路已逐漸成為我們生活的重要部分。

由於在網路上交友，比傳統交友的速度更快速，範圍更加寬廣，而且距離也更簡短，並且又能在不受別人干擾的情況下，安安靜靜地享受與對方溝通的感覺，也可以讓當事者可以自由自在地上網或下網。因此，網路戀情已經逐漸取代傳統的相親，或以往街坊鄰居的相互介紹；而在虛擬的感情世界中發展出另類的戀愛溝通途徑。

現在已經有愈來愈多人透過網路認識朋友，網友因為不見面，在溝通的內容與方式上會大膽一些，什麼都可以談，加上可以選擇的面向寬廣，因此，在網路裡比較容易找到趣味相投的朋友，相對地在網路世界裡發生虛擬情愛的機率也比較高，根據近幾年所舉辦的「2000網路情愛大調查」活動中發現，網路上有近三成的網友想要在網路上遇見愛情，同時有一半的網友希望與對方在眞實世界中見面。

網路上的戀愛溝通適合什麼樣的人呢？一般來說，生活在現今高科技時代裡的我們，在日常生活的觀念上比以前更加封閉，人與人之間的互動比較貧乏，這使得人跟人之間越來越冷漠，也越來越害怕受到傷害。有些人甚至一天還碰不到親人一面，只能靠著冰箱上的紙條，或是電腦上的留言，來傳遞彼此的關心。

另一方面，在現今的社會中，有許多忙碌的人雖然想要認識異性對象，卻又抽不出時間，或者是不太喜歡相親，怕被人計斤論兩的打量，此時網路通常就會成爲上述兩種人的絕佳選項之一，在這麼多有利的情形下，網路上的戀愛溝通很自然就粉墨登場了。

總之，適合在網路上從事戀愛溝通的人，絕大部分是屬於個性比較內向的人，由於在網路的虛擬世界裡，既不必直接去面對陌生臉龐，所以也就不用擔心初次見面時有結結巴巴的尷尬場面，甚至可以很自在地盡情展現或傾訴，眞實世界裡不願爲人所知的一面。

愛情對絕大部分的人而言，多少都存著某些浪漫的幻想空間，雖然愛情的來臨取決於機緣，但在現代繁忙生活中緣份難求，好在機會卻是隨時都可以掌握去創造，電腦網路便是一個提供掌握緣份與創造機會的特殊管道。

一般來說，純粹在網路上交友聊天或溝通，會帶給彼此一種既期待又怕受傷害的感覺，因爲網絡最能表現出一種獨特的印象或不錯的感覺，也說明了網路戀情在網友的心目中，還是隔著一層存在眞實與否的面紗。

因此，網友們雖然渴望在虛擬世界裡尋找愛情，但同時也擔心網路匿名背後所潛藏的不確定性，致使網路上從事溝通的雙方，可以各自勾勒出對方美好的形體。

由於十之八九的網友都習慣用匿名的身分，至於爲什麼要習慣性地使用匿名呢？使用匿名的好處在於，可以肆無忌憚地暢所欲言，而不必擔心暴露身分帶來不必要麻煩。

當然，使用匿名居然可以保護網友的身份，但也有可能會成爲網路戀情溝通的障礙。事實上有超過六成的網友認爲「網路匿名性太高，很難相信網友」；同時有近三成的網友在眞實世界，與網友見面後感到相當的失望。

當然，爾後到底要不要見面，取決於雙方談不談得來，雖然不少網友擔心自己一旦在眞實世界中，遇見「恐龍」的話，見面反而會打破原先那份美好的心境。但不論是網友遇見的是愛情還是友情，其中又有將近一半的人，都會按捺不住而想與網友碰個面。是故網友中常流行一句話：「網路戀情有百分之九十九是見光死。」

網戀眞的比一般戀愛危險嗎？事實上所有的愛情都有風險，不僅僅只有網路愛情而已，網路上的戀愛溝通和一般的戀愛溝通，其實沒有什麼太大的差別，都是在追求兩性之間的相處和諧與幸福。

網路充其量只不過是一種戀愛的新途徑，眞正左右愛情的依舊是情侶們的個人特質，以及對愛情的溝通風格。即便是在眞實的社會中，我們也很難保證自己所接觸的人，甚至所收到的名片，都記載了他們眞正的身份與背景。

所以，我們在面對網路戀情的時候，既不必過度的期待，也不要過度的恐懼，因爲它是新世代的人，必然面臨的愛情考驗，若能有效操控它，就有可能轉化成現代人生活中一種必備的戀愛智能。

另一方面，在網路上會受騙的人，在現實社會中也一樣容易受騙。換句話說，有時是否會受騙純屬個人因素，與外在的環境未必會有太大的關係。因此，網路戀情的危險程度，和一般戀愛的危險度大體上是相同的。

網路所提供的虛擬空間，的確會給寂寞的現代人多一個想像的機會，爲數不少的網友希望從網路上找到愛情。當然網路的確會催化愛情的發生，但並不保證會有愛情的結果。

因爲網絡只能作爲一種聯繫溝通的橋梁，只能作爲一種溝通的工具而不能當成是眞實的生活。畢竟網戀與現實生活中的戀愛交往或溝通模式出入很大，如果硬將網路上的東西搬到眞實的日常生活中來的話，必然會格格不入，且往往會令人失望。

憑良心來說，網路上雖然有許多取之不竭的資訊，但虛假的東西也很多，窮極無聊的東西更多。有時在網上的確能看到一些動人的愛情故事，不過虛構的成份通常會多於眞實，如果沒有基本的分辨能力，很容易三兩下就會傻了眼。

所以，如果想要在網路上交友或從事網路戀愛溝通的人，首先要找一個可靠的網站，以便過濾掉大部分不夠誠實的交往對象。其次是在溝通交流的時候，要開門見山地問對方結婚了沒有？年齡多大？以及性別等相關基本資料，如果對方回應得慢吞吞地就應該要提防。

網路愛情只是一種戀愛的新途徑，只要人類還不能從上網就獲得飽足感的前題下，無論任何形式的網路愛情，終究會回歸到柴、米、油、鹽、醬、醋、茶的現實生活中。因此，想要瞭解眞正的愛情，還得下網回到現實中來。

現代人面對網路戀情，應該以平常心待之，既不要過度的期待，也不要過度的恐懼。換句話說，網路戀情既然不會讓人完全信得過；也無法去完全地滿足眞實世界的愛情，因此若要創造完整的愛情，雙方就必須一起走下網來好好努力。

生活在現今高科技時代裡的我們，在日常生活的觀念上比以前更加封閉，人與人之間的互動比較貧乏，這使得人跟人之間越來越冷漠，也越來越害怕受到傷害。在網際網路世界裡，由於溝通不需要面對面，所以最能表現出雙重或多重性格。網路充其量只不過是一種戀愛的新途徑，眞正左右愛情的依舊是情侶們的個人特質，以及對愛情的溝通風格。

愛在耳之際

假使你不記得愛情曾使你做過一些瑣屑的傻事，你就不能算是戀愛過；假使你不曾喋喋不休的讚美你的愛人，你就不能算是戀愛過。

—莎士比亞

戀愛或愛情必定會牽涉到溝通，雖然溝通的型式有千千萬萬種，但是如果愛情不能透過有效溝通，再熾熱的愛情也會很快地進入凋零，最終可能變成一潭死水。兩性之間，其實能談得來也很重要，因爲戀愛溝通本身就是藉由語言來表達的，在形式上是一連串無盡的言詞。

在口語型的戀愛溝通過程中，表達上所使用的語氣扮演著極爲關鍵性的地位，舉個實例來說，當親密愛人滿腹牢騷地對你抱怨時，你聽了之後，會試圖以下列那一種語氣來回應他呢？

第一種爲否定型：「別把事情看得這麼嚴重，這根本就是完完全全不值得你去生氣嘛！」

第二種爲質問型：「難道你不知道常鬧情緒，會帶給大家不愉快的感覺嗎？」「你爲什麼不在事後馬上就自我反省檢討一番，還在這裡怪東怪西的？」

第三種爲勸告型：「我看你再這樣每天鬧情緒下去，遲早都會累積出一身病來的，多看開一點吧！」

第四種爲替另一方辯護型：「我總覺得其實並沒有任何人有惹到你，事實上反倒是你常鬧情緒而干擾別人！」

第五種爲事不關己型：「我正在忙啦！我改天再陪你聊好不好？」

第六種爲哲理型：「人生就是這樣啦，不如意的事十常八九；而且所謂正義公平那回事是可遇而不可求的啦！」

第七種爲同情型：「哦！實在是有夠可憐哦！你怎麼會日子過得如此不順利？我眞替妳感到難過啊。」適時地握住他的手。

第八種爲認同型：「你今天眞是有夠倒霉，承受那麼多冤枉氣。我覺得你還眞的是有夠堅強呢，如果我是你，我必定早就崩潰了！」適時將他擁入懷中。

看了以上八種不同表達語氣的類型後，你或許會有以下的發現，第一種完全否定型最會令情人氣憤；第五種事不關己型會令情人感受到冷漠；第七種的同情型，或第八種的認同

型，才比較會讓情人感受到你對他的愛意。

以上各種語氣表達類型在情人心中感受起來的兩極性與效果增強或遞減性：現在進一步看了上面的圖形的解析之後，你必然已經瞭到：「小小語氣差異很大」的道理了。所以，下次當你與自己親密的情人從事口語型的戀愛溝通時，你會選擇儘量多使用那幾種溝通語氣？並且又會儘可能地避免使用那幾種語氣呢？

委託別人傳話

委託別人傳話乃是一種情非得已的權宜措施，運用的時機可能是因爲戀愛溝通的雙方，或者其中任何一方因爲情緒的關係暫且不願意露面，當事者又因爲雙方的誤會而不能及時說個清楚，因此才會選擇委託別人來傳話溝通。

至於在委託別人傳話時，被委託人員的數量，以及到底要選擇什麼樣的人？都必須考慮在內。一般來說，既然要選擇委託別人傳話，當然要以最可靠且最讓自己信得過的人，或選擇與自己最爲親密，同時也最瞭解自己心意的人。

除此之外，雖是委託別人代爲傳話溝通，但在傳話溝通的內容上，也應該多下一點工夫，以免傳了不該傳的訊息；或者疏漏了應該澄清的事項，可能會造成將來更大的遺憾。

值得一提的事，事實上最好的措施是，只要請委託人起個頭就好。換句話說，是採取委託別人前半段，後半段則由自己親自來處理。具體作法就是請委託人向溝通對象提出某種形式的邀約，當雙方明訂時間與地點後，再由雙方當事人自行溝通處理，才是比較務實理想的做法。

因爲儘管在委託的過程中，可以找到與自己最爲親近的人來協助處理，但仍然難免會在溝通內容上產生誤解，與其在未來徒增不必要的溝通困擾，不如在整個委託過程中自己能儘可能多參與一些。

愛情Call in

說到使用電子媒體做戀愛溝通，戀愛中的情侶可以藉由調頻或調幅電台的主持人，代爲播送自己想對情人說的話，或者直接參加不同形式的愛情叩應節目，經由各主要電視媒體的娛樂節目主播，代爲對心儀對象轉達愛慕之意，甚至有時還可以在電視節目中直接與情人溝通，還可以用購買廣告的方式，在電視節目中向情人放送自己的濃情密意。上述各種不盡相同的使用電子媒體的戀愛溝通方式，一般來說必然能夠發揮意想不到的神奇效果。

此外，在今天一般工商業經營爲主的大都市中，幾乎處處都可以看到超大型的電子廣告看板，或者是大型的電視牆。所以也有部分的現代都會男女，於是靈機一動就將對情人愛意的表達，藉用超大型電子媒體來傳遞。

就實質的效果來說，使用電子媒體做戀愛溝通的確可以達到既浪漫又窩心的感覺，然而在金錢的花費上可能會比較昂貴，這也是值得戀愛中的情侶們深思的地方。

近年來由於電腦網路的快速發展及普及化，也曾經有某位年輕浪漫的網友，他爲了要向自己的情人表示愛意，於是自行辛苦地架設網站之後，再用盡各種技巧與手段來吸引其他網友進入自己的網站，主要目的除了要向全世界的網友表白自己對情人的愛意外，同時還希望大夥兒能分享他對情人的一片眞心痴情，等他收集滿「999」或「9999」位網友的支持後，再把他當作相同數目的「999」或「9999」朵玫瑰花，立即送給他最心愛的人。

即便是熱戀中的情侶，如果沒有理想的溝通管道將會是一件很恐怖的事情，在親密的感情生活裡能有戀愛溝通的管道或經驗，雙方才會更容易珍惜或掌握住彼此的感情。

「有些話，是收不回的；有些愛，是不會回頭的。」幾乎所有的戀愛，有一半以上是經由語言所累積出來的感覺，因此每一對熱戀中的情侶總會被激發出個人生命中最爲詩情畫意的句子！以及最有衝勁的創作慾望。

在面對面的戀愛溝通的過程中，要儘量避免自己被主觀意識所影響，這種主觀的影響，大體上是指自己先入爲主的觀念，至於在客觀方面則要儘可能發揮正面的影響力。

絕大多數的人在雙方溝通的過程中，總是會受到對方的態度所影響，例如，對方態度比較和善的話，他們的內心也就比較容易會讓步，而不至於會去斤斤計較。

因此，在從事面對面的互動溝通中，首先要注意溝通雙方必須保持心平氣和的態度，並且要能夠重視周遭氣氛的良好與否，沒有雜音干擾，雙方能夠保持冷靜，能夠針對問題一再以解決，並且儘量避免不要翻舊帳。

愛在唇齒間

站起來發言需要勇氣，而坐下來傾聽需要的也是勇氣
—邱吉爾

即便是熱戀中的情侶，如果沒有理想的溝通渠道將會是一件很恐怖的事情。在親密的感情生活裡能有戀愛溝通的渠道或經驗，雙方才會更容易珍惜或掌握住彼此的感情。

有些話，是收不回來的；有些愛是不會回頭的。幾乎所有的戀愛，有一半以上是經由語言所累積出來的感覺，因此每一對熱戀中的情侶總會被激發出個人生命中最爲詩情畫意的句子，以及最有衝勁的創作慾望。

在面對面的戀愛溝通過程中，要儘量避免自己被主觀意識所影響，這種主觀的影響，大體上是指自己先入爲主的觀念，至於在客觀方面則要儘可能選擇正面的影響力。

絕大多數的人在雙方溝通的過程中，總是會受對方的態度所影響，例如，對方態度比較和善的話，他們的內心也就比較容易會讓步，而不至於會去斤斤計較。

因此，在從事面對面的互動溝通過程中，首先要注意溝通雙方必須保持心平氣和的態度，並且要能夠重視周圍氣氛的良好與否，沒有雜音干擾，雙方能夠保持冷靜，能夠針對問題加以解決，並且儘量不要翻舊帳。

平等互惠原則

男女之間的交往有時產生摩擦是必然的，問題是雙方產生摩擦後，能否在彼此觀念上各自去反省，藉此打開彼此生命的深度與廣度？當然，這裡所指的摩擦並不是眞的要打來打去，而是指兩人在意念與觀感上可以相互切磋，即使有時觀點不太一致，一時無法化解爭執時，也要相信在感情的路途上，沒有誰對誰錯的問題，只有誰讓誰而已。

總之，男女之間的交往關係必須儘量做到平等以待，在對等的關係上保持高度的交流與溝通，這次我讓你，下次可能就該請你考慮讓我一下，這也是一種雙方的互惠主義。

換句話說，在溝通當下必須在內心經過一段整合的程序，也就是要儘可能地把程序的公平架構設計到溝通過程中，努力建立起雙方互信、公開、非零和認知，把不同的議題配在一起，成爲一個不可切割的共同體，讓溝通的對方逐漸瞭解，因爲你想要A，所以可能必須同時要接受B。

此外，在戀愛溝通的過程中，自己所提出來的要求不應該完全被情緒所影響，應努力以理性來考量，如果任何一方溝通情緒不好的話，整個溝通過程就會顯得困難重重，或造成雙

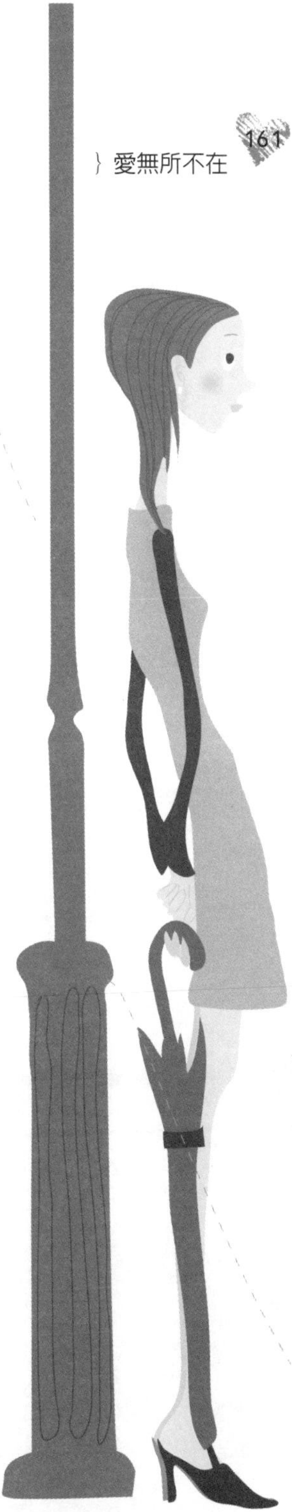

方或單方更大的損失。

反之，如果雙方的溝通態度好一點的話，才能在溝通過程中合情合理，進行得十分順暢。

值得留意的是，一般人在陌生的環境中與人溝通時通常都會感覺到不太自然，或者多少會有一點緊張，反過來說，如果有比較好的氣氛則會覺得比較自然些。因此，在營造溝通環境方面，有時可以安排一段短期的旅遊，在行程安排上大約一至三日行程，藉由好山好水的催情作用，也可以有效促進雙方達到理想的溝通。

爲他唱一首歌

妳那鬱金香色的面紗使我兩眼迷醉。妳為我編的素馨花環像讚美詞似的使我意亂神迷。那是一種欲予故奪，欲露而故藏的遊戲；一些輕微的羞怯，還有一些甜蜜的無用掙扎。妳我之間的這種愛情，單純似一支歌曲。

—泰戈爾

情侶在熱戀期間，總是感覺最美好的時候，眼裡所看到的盡是對方優點，隨著時間的慢慢遞移，雙方的缺點才會一一顯現，甚至有時多到好像母親的白髮，想怎麼去擋也擋不住了。

當任何一方累積到不能忍受時，不滿的情緒就會被挑撥起來，雙方就變的很難去認眞地溝通或講清楚了。這個時候可能就要去考慮一下，既然「說的沒有唱的好聽」的話，那就去嚐試一下，讓「唱的比說的好聽」吧！

唱歌，尤其是唱情歌也是一種戀愛溝通的方式，至今我國部分地區尙存有「山歌對唱」

或「月下對口」的民風習俗。當然無論是親口爲他（她）唱一首情歌，或者倣效古時司馬相如，以樂器來演奏一曲「鳳求凰」來打動卓文君的芳心，對你的他（她）而言，都是一件十分感性與幸福的事。

至於說要唱甚麼歌呢？很多情侶在交往過程中通常都會共同愛上某幾首曲子，當然是唱你們最特別喜歡或最有意義的歌曲囉！

至於說在什麼時機來唱呢？可以選在常去的KTV唱，也可以在夜幕低垂時直接用清唱。如果你是音色不是挺優美，可能在五音之中會少個一音或半音的話，也不用太操心，自己不會唱那就請人代唱吧！如果你的條件允許的話，可以像電影情節一樣在餐廳請樂隊代唱，或者找個可以點播歌曲的電台，點那幾首她（他）最喜歡的歌曲給他聽。

每一首情歌都有它特殊的情境，而且不只是配上曲會令人陶醉，通常有的情歌的詞本身就十分悠美。

因此，抄一首情歌或僅摘錄其中部分的歌詞，用賀卡或寄情書的方式送到對方的手上，也是一件挺感人又浪漫的事情。不但可以省去你浪費口沫的無效溝通，而且還不見得能夠有情歌所帶來的感動效果呢！

滔滔不絕渾然忘我

雖然舌頭的眞正重量微不足道，但卻很少人能夠有效控制它。因此，儘管仍處在熱戀中的情侶，也要多加注意彼此之間的溝通，才能藉由溝通而建立維繫彼此之間的情份。

有句話說：「強勢的建議，就是一種攻擊行動。」雖然我們說話的出發點是基於善意，但如果講話的口氣太過強勢的話，不但會忽略到對方的內心感受；且會直接地讓對方聽起來，就好像是一種攻擊的行爲一樣很不舒服。

有時，我們會聽到別人用一種感嘆的口氣說：「你知道嗎？其實我是蠻贊同你的想法的，但我比較不喜歡你講話的口氣。」

只是單方面的不斷灌輸，其實是一種不好的戀愛溝通模式，無奈許多男女朋友交往久了，難免都變成另一半的出氣筒。在戀愛溝通過程中，除了要儘可能避免任憑其中一方滔滔不絕地溝通之外，還應當要講求溝通「結構的公平性」，因爲如果結構本身不夠公平，最終大都不太可能產生公平的結果，或者是進一步地達到理想的戀愛溝通效果。

事實上在戀愛溝通過程中，常習慣使用滔滔不絕口吻的人常說：「我這個人很理性啊，你看！我隨時都準備與別人溝通的！」可是，如果嘴巴上是說隨時準備與人溝通，但是別人卻完完全全插不上嘴，甚至心門卻也是緊緊關閉著的話，那又有什麼用呢？

若我們不幸習慣於使用滔滔不絕混然忘我的溝通方式的話，千萬記得要儘快調整過來，因爲一般人對傾聽對方的理由大都很難表現出高度的耐心，甚至有時還會出現不恰當的言詞反駁，此種溝通方式，充其量只是個人情感的發洩，對溝通對象來說，很可能會發生非常負面的效果。

當你以上述滔滔不絕混然忘我的溝通方式對付你的親密愛人時，他（她）的反應是怎麼樣呢？

事實上我們必須牢牢記住的是，雖然每天都有許多話不斷進出我們自己的腦海中，但只有眞正令我們自己印象深刻的言詞，才有可能會在心裡留下腳印。

與其對情人喋喋不休地的溝通，還不如用眞心眞情，認眞地來檢討自己所使用的口氣、語態、內容以及肢體語言等，儘可能表現出一份眞摯的心。因爲人與人之間的相處，唯有眞心才可以感動對方心靈深處，因此一定要做到「言必由衷」而無須再去嘮叨煩人。

PART 8

愛在心坎裡

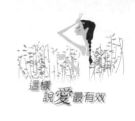

營造氣氛

因爲大多數的女人很在乎感覺，所以女人願意接受男人的追求是因爲感覺很好，而唯有持續好的感覺，女人才有可能進一步決定彼此之間的親密關係。

値得一提的是，一旦女人感應到彼此之間好的感覺不復存在時，她對另一半的親密關係也就逐漸平淡下來了。

兩性之間的戀愛溝通本來是最難的事情；男生女生眞的很不同，有人說女生是比較感性，男生是比較理性的，其實也不一定，女性可能有百分之二十五是比較理性的，看事情都是非常有分寸原則的，同樣地也有些男性常搞不清楚對象，總是在打迷糊仗。戀愛溝通的時機很重要，何時溝通也是影響溝通結果的因素之一。

譬如說選擇在喝下午茶的時間來溝通，在溫馨感人的Caffe Shop溝通，或在夜深人靜的時候來溝通，再再都會影響溝通的品質與結果。

總結來說，在從事戀愛溝通的過程中，女人要儘可能地讓男人面子掛得住，就一切好談；男人則要讓女人儘可能地感覺到窩心，她才可能以理性相向，甚至也可能還會有網開一面的情況。

小小禮物大大不同

投我以木桃，報之以瓊瑤，匪報也，永以為好也。

——詩經·衛風

情侶之間可以互送的禮物種類繁多，舉凡鮮花、香水、保養品，或是紀念品如別針、墜子、耳環、手鐲、項鍊，乃至珍珠與鑽戒等均包括在內。

在中國人傳統的觀念裡，男女朋友之間的交往過程中，一般大大小小的開支大多是「男方付錢」。

近幾年來，由於社會觀念的快速變遷，女權主義逐漸抬頭，在職場上表現優異的女強人愈來愈多。

相較之下，男人不再扮演著唯一的「金主」或「獨挑大樑」的角色，因爲許多女性不但主動願意要與男性分攤金錢上的開支，甚至會大手筆地買下名牌禮物，贈送給對自己最爲親密的男友。

事實上，大多數的女人都有天生強烈的母愛，似乎只要能換來男人的疼惜，她們就會無怨無悔，且甘之如飴在金錢方面求付出。其實這倒不是說男人不應該單獨負擔「花錢」的角色，男女雙方面的交往，本來就不應該覺得有誰又佔了誰的便宜的心態，唯有彼此之間能夠相互付出，才是讓愛源遠流長的關鍵。

莫淪入愛慕虛榮

情侶之間的贈送禮物，本來就不能單純地以好事或壞事來判定，只要切記莫淪入愛慕虛榮的情境即可，假如像最近國內某有線電視台的漂亮女主播，與日本年輕企業家之間的禮尚往來的一樣，動輒收授數十萬元的珍珠項鍊，以及刷上百萬元的信用卡來購買禮品，最後卻衍生滿城風雨的情況來看，這樣的禮物就有待商榷了。

總之，一般相處久了的情侶，大抵上皆願意主動和對方分享金錢，在情場上類似的行爲是十分普遍的。不過，值得注意的是，即使雙方或任何一方願意奉獻金錢，也未必保證能在情場上通暢無阻，還必須考量到付出金錢的態度是否具有足夠的誠意。若像上述日本的年輕企業家一樣，自以爲出手大方，卻無意間傷及對方自尊心，以致糟蹋這份「美意」，非但破壞了彼此之間的情誼，還可能導致感情破裂而人財兩失。

送給情侶的禮物，千萬不要陷於價格的迷思，而應當多在彼此的心意與創意上著墨，如果送禮送得十分得體的話，小小的禮物往往會產生意想不到的正面效果，因爲雖然花費不大，但卻可以讓最親密的人常會「睹物思情」，久久沉溺在綿密的愛意裡。

鮮花朵朵心底話

當缺乏愛的時候，工作成為一種代用品；當沒有工作的時候，愛成為一種鴉片。
—德國小說家愛麗絲．萊特肯斯（Alice Lyttkens）

在戀愛溝通的過程中，如果能夠掌握到送花的小秘訣，也會產生意想不到的效果呢！千萬不要看輕小小的一束花，如果能在適切的時機，爲心愛的人奉上一束鮮花，它能夠表達的內容可能會勝過千言萬語，甚至可以藉此表達出個人心底的感受，使雙方的愛情關係更加親密。

情侶之間的送花，至少已經有百年以上的歷史，因此送花也逐漸累積成一門專業的學問。一般來說，送鮮花的學問中，可以區分爲每一束花中花朵的數目所代表的意含；以及每一種花所代表的意義，也就是一般所謂的「花言花語」。

數量代表	意義
1朵	一見鍾情、你是我的惟一、惟一的愛、對你情有獨鍾、心中只有你、你是惟一
2朵	心心相印、世界只有我和你
3朵	我愛妳、海誓山盟、
4朵	誓言、承諾、海誓山盟
5朵	無怨無悔
6朵	順心如意、順利、永結同心、願妳一切順利
7朵	天天想你、相逢知心、求婚、祝福、喜相逢、祝妳幸運
8朵	歉意、彌補、深深歉意、請原諒我
9朵	天長地久、長相廝守、堅定的愛、堅定、彼此相愛長久
10朵	十全十美、完美的你、完美的愛情
11朵	最愛、最愛的你、雙雙對對、一心一意、今生最愛還是你
12朵	比翼雙飛、求婚、圓滿組合、心心相印
13朵	暗戀、暗戀的人
17朵	暗戀、暗戀的人
20朵	兩情相悅、一生一世、永遠愛妳、此情不渝
21朵	最愛、我的最愛
22朵	兩情相悅、雙雙對對
24朵	無時無刻、思思念念、思念（24小時無時不思念）
30朵	不需言語的愛
33朵	我愛妳、三生三世、非常愛妳、深情呼喚：我愛妳
36朵	我心屬於妳、浪漫心情、全因有妳
44朵	至死不渝、山盟海誓、亙古不變的誓言
50朵	無怨無悔、無悔的愛
55朵	無怨無悔
56朵	吾愛
57朵	吾愛吾妻
66朵	順利、事事順利、情場順利、六六大順、細水長流、真愛不變
77朵	喜相逢、求婚、情人相逢、有緣相逢、相逢自是有緣
80朵	彌補
88朵	彌補歉意、用心彌補一切的錯

99朵	長相厮守、堅定不移的信念、天長第久、地老天荒、知心相愛恆久遠
100朵	白頭偕老、百年好合、愛妳一萬年、百分之百的愛
101朵	直到永遠、無盡的愛、唯一的愛、你是我唯一的愛
108朵	求婚、嫁給我吧、無盡的愛
111朵	無盡的愛
123朵	愛情自由、自由之戀
144朵	12×12愛妳日日月月、愛妳生生世世
365朵	天天想你、天天愛妳
999朵	天長地久、愛無止休、長相厮守、至死不渝、無盡的愛
1001朵	一輩子的最愛、一心一意、直到永遠、忠貞的愛至死不渝
10000朵	愛她一萬年

理性VS.感性

為何能看見你弟兄眼中的刺，卻看不到自己眼中的樑木。
—馬太福音

眞實的戀情中不可能免於爭吵，因爲雙方本來就有價値觀與個性上的差異，以致有很多人在長期爭執當中心力交瘁，累得再也沒有能力去付出感情。

許多戀人常會將電影小說裡面的浪漫甜蜜愛情故事當成範本，以爲愛情理當就是天空藍藍的，花草香香的，心中無時無刻舖滿了浪漫。但是，兩性在產生溝通衝突時，遇到心情好時，雙方可能還會互相尊重一下；但如果碰上情緒欠佳時，不但常會使用負面的言詞，且完全不肯向對方讓步。唯有在和諧與諒解的情境下，才能確實且面面俱到地表達出自己的眞實心境，也才能眞正地解開心結，而自然而然地消除溝通的壓力。

總之，健康的溝通作法乃是誠實地回應內心的情感波濤，首先要瞭解不良情緒的來源，以及其所傳達的眞實訊息，任何形式的情緒壓抑只會造心理層面的不良後果，所以千千萬萬別讓一把火悶在棉被裡燒。

愛情溝通小書籤

〈判別男人打女人的等級〉

一、輕輕地拍打——愛人；
二、一巴掌打過去——爛人；
三、揮拳頭打下去——敗類；
四、用腳來踹——人渣；
五、拿東西亂打——禽獸；
六、有致命的危險——禽獸不如。

理性的侷限性

許多男人使盡渾身解數攀爬人生的階梯，他們廢寢忘食地工作，只為了出人頭地。一旦他們爬上階梯頂端後，才赫然發現，自己原來爬錯梯子了。
——史考特

「有話可以照說，但口氣則要儘可能地委婉一些」，在從事戀愛溝通時，必須多留意對方的心理感受！畢竟每個人都有「自尊」的需求，因為每個人都希望被別人所肯定與讚美，或者是被大多數人所認同。

所以，即使在溝通過程中雙方的意見不盡相同，但必須儘量做到異中求同，達到圓融溝通的目的。

生活在現代的都市男男女女們，比較沒有耐心去守候眞正屬於自己的良緣，常常很勉強地，或者是隨隨便便地就接受隨風而至的愛。可是最令人不解的是，老愛一遍又一遍地把自己心目中的完美幻想，拿到眞實世界來相互對照，於是乎每比較一次就失望一次。原因在於他們並不懂得，如何去珍惜身邊已經擁有的；他們也不知道，自己已經得到的，其實就是幸福的種子，只要假以時日，努力耕耘與照顧，就會變成最眞切的幸福了！

儘管處於此種情境中，也不要輕易放棄理性，若能從不同的觀點切入，才能將負面的框架轉化爲正面框架。事實上「少失就是得」，只有跳出完全以感性思考的陷阱，才能放眼未來。

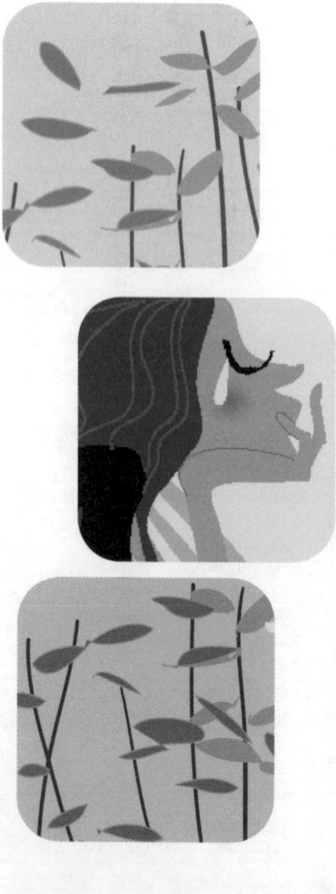

感性的擴張性

放縱自己的慾望是最大的禍害；談論別人的隱私是最大的罪惡；不知道自己的過失是最大的病痛。

—亞里斯多德

有些男生可能認爲，女人應該是用來寵的，所以就一味地委曲求全地包容自己的情侶，可是他或許忘記了，任何人的忍耐是有限度的，當然包含情人也一樣，當情緒累積到一定程度時，爆發的結果往往會造成雙方難以挽回的後果。

所以，雖然每一個女人都渴望有個男人如此包容地對待自己，但是是否也該學著講講理？不要認爲男人理所當然就該疼自己或寵自己，即使自己無理取鬧得也是一樣。

的確，當女人莫名其妙地鬧情緒時，男人若還是能一臉「我好愛妳」地哄著她，當然是一件十分幸福與甜蜜的事。然而，愛情不是短暫的，而是要長長久久，甚至要一輩子的守候在一起。

爲了能夠讓一段戀情長久持續下去，學習去有效溝通才是最好的愛情相處方式。因爲任何一方無窮無盡的包容，其實並不代表是健全的愛情。男人偶爾也應該學著去說「不」，不要以爲疼愛女人是應該的事，當女人潑辣得太過火時，你也該適時地表達自己的觀點或想法。

總之，愛情，就務實一點或成熟一點來看，不只是光是嘴巴上說句：「我愛你」就夠了！而是需要像事業一樣去花心思「經營」的。有時愛情，就像做功課，不但需要預習，也要常常復習或溫習，更要能不斷地充實與學習。

愛情溝通小書籤

〈舒緩一下〉

下次當你的情人問你是否依然愛她時，請偶爾記得不要總是馬上就回應說：「愛啊！」

而是舒緩一下情緒後，再微笑著告訴她：「當我停下來想一想時，我真的是很愛妳呢！」

因為有些愛的情愫是需要略作思量，才能在急促發酵後紮實地感受到它的存在；同時每當我們停下來舒緩一下時，通常也就會感覺到別人的感受。

理性＋感性

普天之下沒有任何一個男人是最優秀的，每一個男性都多少會有某些缺點，但這並不致於會影響到妳是否要將自己的感情托付給他。什麼是愛情？愛情就是當你知道了他並不是你所崇拜的人，而且明白他還存在著種種缺點，卻仍然選擇了他，並不因爲他的缺點而拋棄他的全部、否定他的全部。

試想一下，如果有這樣一個人，他在你的心目中是絕對完美的，沒有一絲缺陷，你敬畏他卻又渴望親近他，這種感覺不可以叫做「愛情」，而是「崇拜」。崇拜需要創造一個偶像，就像圖騰之類沒有血肉的東西；而愛情不需要，愛情是眞眞切切得能夠用手觸摸用心體會的。

兩性之間對生活壓力處理的方式不同：女人千萬別在男人有壓力時拼命地想靠近他，甚至還想逼他說出困擾他的主要原因，這樣做只會使他更想對妳逃避，或者因爲要自我防衛而變得更加冷漠。因爲男人遭遇到壓力時，會越來越集中自己的全副注意力，以致會造成本身的孤立以及對異性不自覺的疏離感。

當然，男人也千萬別在女人有壓力時，還在一旁拼命地作理性分析，甚至還企圖想提供問題解答的方案，這種完全不對症下藥的方式，只會讓她更加覺得不被瞭解，而產生沮喪與挫折。因爲女人面臨壓力時，通常會有點情緒化的急躁不安表現，或者會變得不知所措而無所適從。換句話說，女人並不想聽你的分析是多麼有道理，她們只單純地想要藉由討論來使自己感覺到某種類似受到關懷的舒服。

總之，爲了愛情，冒點風險又有何妨；這個世界上本來就沒有完全不用冒險的愛情。當情侶雙方發生不愉快的事情，和產生爭執的時候，必須要儘快地與男人說清楚講明白，一開始時不要作太多具體的承諾，先溝通大原則，然後再視情勢的發展決定後續的溝通內容，以及討論的幅度，才不會讓他亂亂想。因爲及時性的溝通不但可以讓男人恢復原來的心情，甚至也可以讓雙方建立互信後，創造更好的溝通感覺。

試想一下，如果有這樣一個人，他在你的心目中是絕對完美的，沒有一絲缺陷，你敬畏他卻又渴望親近他，這種感覺不可以叫做「愛情」，而是「崇拜」。

機智運用的時機

智慧和愛情只在天神的心裡同時存在，人類是不可能兼而有之的。

——莎士比亞

希臘哲學家赫拉克利吐斯（Heraclitus）曾說：「學得多，不見得就會有智慧。」在戀愛溝通的過程中，有兩件事是非常可貴的：一是適時地說了一句漂亮的話；二是及時打住一句不該說的話。

畢竟有時情侶之間的溝通或說話，是沒有「橡皮擦」或「立可白」的，無法將不愉快的字眼給擦拭掉，也沒有「修正帶」將說錯的地方給掩蓋過去。

男女之間的相互尊重很重要，至於說要尊重甚麼呢？答案是要尊重對方的觀點或意見。因爲這是一個多元化且多價值觀的社會，雖然是兩人世界裡的相處，但也要記得給對方多一點的空間，雙方的生活才會愉快，所以，在戀愛溝通的過程中，光只是靠一股熱情是不夠的，儘管再加上浪漫也是不夠的；而必須持續不斷的針對不同的溝通情境，運用戀愛溝通的機智設計出創新的溝通方案，而不僅僅只是既單調又不斷重複的無聊過程，同時我們還需要培養持之以恆的溝通興趣。

傳統的中國觀念，總是要求女孩子要含蓄矜持，東方女性大都被界定在感情方面處於被動的地位。

然而，如果心儀的對象是個害羞又內向的男孩子，儘管苦苦守候也盼不到他主動上門時，是不是就這樣甘願錯過一段好姻緣呢？還是要等到海枯石爛、地老天荒呢？

其實主動的女生並沒有錯，充其量只是她們對於自己所喜歡的東西，有著比別人更強烈的執著，同時也比一般女性更積極一些罷了。如果真的喜歡一個人，新世代的東方女性就不妨主動一點！就把它當作是給自己，同時也給對方一個機會吧！雖然直接了當告白的過程會有一點難堪，但聰明的女孩子可以採用比較間接的方式啊！譬如說多製造一點雙方相處的機會，在互動過程中稍稍暗示一下。

總之，女生採取主動並沒有什麼不好，只要妳挑對了人，技巧婉轉自然一點，兩個人最終也能夠幸福地過日子。那麼，又何必在乎當初是誰先追誰呢？又何必再去癡癡地盼望著對方採取主動呢？

加值型的戀愛

快樂即是健康，憂鬱即是疾病。

—馬克吐溫

情人們要通過彼此的生命體去觸碰對方的心靈，當然要對對方的人格特性有所認識，有時甚至除了對方之外，還包括彼此的家族成員，才能避開障礙而順利地找到通路，也才能慢慢地走入彼此的世界。最後還要向各位讀者提供一種「加值型的戀愛溝通」。

什麼是「加值型的戀愛溝通」呢？第一步是先做到「求同存異」；第二步則是要能積極地「異中求同」。換言之，溝通雙方必須不斷運用智慧與創意性的思考，尋找雙方各自的需求與感受，同時還要能進行溫和的溝通。

首先就要能在溝通議題上能引導對方，建立彼此互相信任的觀念與態度，其次是要協助對方找到他自己眞正的需求與觀點；最後就是經由彼此之間的合作，找到彼此之間的溝通共識。無庸置疑地，加值型的戀愛溝通可以幫助情侶們冷靜思考，讓兩性之間彼此瞭解你很樂意滿足對方的需求同時，也希望對方能協助你或回饋你，這不是皆大歡喜嗎？

畢竟愛情是需要隨著時間去成長的，然而必須明瞭由於每個人過去成長的過程不盡相同，所以現在成長的速度也不太可能完全相同。有些人可以藉著自省，加快成長的速度；有些人卻只能一步一腳印，慢慢地在歲月的流逝中成長，無論是哪一種成長，畢竟都是成長啊！千萬別對你的另一半太多的苛求。

因此，兩個人既然有緣份在一起，與其一昧地苛責對方的腳步太慢；還不如停下來溫柔地等一等另一半。嚐試著用你的包容心去支持與鼓勵對方，或許終將會有一天，又可以再度併肩而行了。

情侶吵架學問大

與別人爭辯無可避免的事情是無益的，
對付東風唯一的辦法，就是披上你的外套。
——詹姆斯.R.洛威爾

雖然在戀愛溝通的時候，任何一方的動怒都是件頗爲忌諱的事，因爲生氣容易讓人失去原有的風度和理智，同時最容易受冒犯的人，通常也就是最愛我們，或者是自尊心最脆弱的人。

雖然大家都知道當下最重要的事情，就是要先放下自己過度強烈的自尊，以愛接納對方，問題常常就能得到平靜解決，但偏偏每個人都是有情緒的動物，就算我們能要求自己擁有好的修養，不隨便對別人發脾氣，卻也無法避免在溝通過程中碰見盛怒中的人。

對此有的學者提出「情緒管理」這個名詞，但多多少少有一點不符合人性的感覺，因爲情緒大部分時間其實是無法加以有效「管理」的。如果，我們認定情緒可以「管理」，多少反映了人類不夠誠實的心態。

無論如何，通常在這個時候，如何面對正在生氣的情人，並且避免被對方盛怒的情緒所波及，就變成一個很重要的課題了。

愛情溝通小書籤

〔搞清楚對象〕

男女溝通不良時，通常會無可避免地導致吵架，然而在吵架的當下一定要記得不斷提醒自己——吵架最重要的事就是要搞清楚對象，儘可能地避免與自己親密的人，或是關心自己的人吵架。

因為即便是你給吵贏了，結果非但自己得不到任何快感乃至滿足感，反而會立即陷入更深層的沮喪。

烏龜VS.斧頭

世界上每一對情侶都有可能吵架，所以你們絕對不是唯一會吵架的情侶。所幸能不能維繫感情也並非取決於吵架的次數，而是取決於情侶之間面對吵架的態度。

本來爭吵就不是甚麼壞事，有很多時候，能夠把心中的怨氣怒吼出來，也是一種發洩的方式，若是一味地隱忍包容，才是最糟糕的狀況呢！一般來說，情侶之間的吵架形態可以歸納區分爲下列三種類型：

烏龜VS.烏龜：雙方都很害怕衝突，每當情緒起波動時，爲避免發生衝突而習慣於委屈自己悶著不講，以維持表面上的和諧共處，或控制在「冷戰」狀態。

如果雙方能夠每隔一段時間後，就能藉由溝通來清理一次「廢棄的核彈頭」——成年累月的怨氣的話，倒還沒有關係，最怕的就是一昧的忍耐積壓下去的話，終究會有一天產生火山爆發的毀滅景象。

斧頭VS.斧頭：雙方的個性都容易產生衝動，動不動就會發脾氣，但脾氣來得快；去得也快。一旦發起脾氣來就「六親不認」，甚至碰到東西就往地上摔，甚至會有傷及無辜的可能。

如果雙方互信度夠高，且能夠在緊要關頭有效地控制火候，並且在事後能夠自我反省的話，也不失爲一種另類的溝通方式。但最怕的就是在缺乏反省能力的情況下，逐漸的蔓延成感情乃至未來的婚姻的暴力事件。

斧頭VS.烏龜：由於雙方的個性完全不一樣，甚至可以說是「南轅北轍」，如果雙方適應良好，能夠體認彼此性格上的不同，並且能夠尋找適當的時機，每人各退一步，嘗試著藉由溝通說出造成不愉快的原因，倒是可以產生互補的效果，否則長期下來總是會產生受委曲的一方。

愛情溝通小書籤

〔烏龜與溝通〕

如果想促成良性的溝通，作為就不能像烏龜一般，全然被覆蓋著，這樣作雖然可以躲避外來的傷害，但這麼一來也就無法領略到溝通所帶來的樂趣。

因為——獲得知識的第一步就是要先找出自己所不懂的範圍；堅強的第一步就是要先承認自己是軟弱的；促成良好溝通的第一步就是要先確定自己是「可以被別人溝通的」。

世界上每一對情侶都有可能吵架，所以你們絕對不是唯一會吵架的情侶。

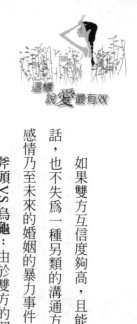

「以和爲貴」行得通嗎？

一般來說，中國人常講求「以和爲貴」，認爲吵架是非常不好且是缺乏修養的事情，然而從後現代的觀點來看，情侶之間該吵架的時候無妨就吵一吵吧，不必太過勉強自己隱忍下來，爲了不要吵架而不吵架，勉強將疑惑與不滿壓抑在心中，只會在爾後造成雙方相敬如「冰」的冷漠關係。過度強烈的自尊心或「死愛面子」通常是情侶吵架的主要原因，許多時候乃雙方或任何一方本來情緒就不太好，當然講出來的話或表情可能就不是很友善；此時若有一方比較敏感，很可能會誤解「你根本沒有在乎我！」甚至這樣的指責也有可能造成另一方的不悅，形成怒火愈燒愈旺的情境。

人都是有脾氣的，人都有突然失控的時候，只要能認清這一點，就會發現適時適度的吵架是無傷大雅。何況來自不同家庭背景的兩個人，無論是價値觀或金錢觀，乃至基本的生活習性都不一樣，產生摩擦與衝突是在所難免的！衝突本身雖然會對感情造成或多或少的傷害，但如果能積極促成彼此瞭解、取得雙方意見的平衡，反而會是雙方關係更趨綿密的轉機，也不至於會造成雙方親密關係的破壞。在此，當然不是鼓吹大家和情人吵架，只是，如果兩人都心裡不愉快，不如就吵一架吧！但也別誇張到三天一小吵、五天一大吵就好。

吵架是有藝術的！眞正的吵架，應該是兩人都能把自己想說的觀點都說出來，而且又能夠達到溝通的目標，因此吵架的時候必須注意下列三件事：一、儘量克制住自己就事論事，不要牽拖出別的事情，當然更不可以翻舊帳；二、吵完架之後，切忌不要向任何第三者投訴；三、千千萬萬不可以動手打對方。總之，情侶之間即便是要吵架，也得儘量地要公平地吵——沒有狠話，沒有控訴，更不會去使用壞字眼。

照理說情侶共同經營的愛情生活，應當是開放而不是封閉的，愛情的感覺應該是安定而不是飄浮的。

同時彼此之間也應當藉由長期的溝通互動，逐步建立起一個堅固的愛情核心。但是在愛情的國度裡，還是會有所謂的高潮與低潮期，也難免會有不和諧待處理的危機或僵局發生。

尤其是東方男性，爲了打拼自己的事業，常常忙得沒有心力去談論感情，甚至可能在不知不覺中，造成對另一半的冷落。在這種情況下如果情人能夠諒解那倒還好，但如果讓情人以爲你（妳）已經忙到連這段感情都可以捨棄不顧的時候，那我們是不是有必要就該暫且停下來瞭解危機產生的原因，同時趕快著手實施危機處理呢？

一般來說，危機處理包含在危機管理中之一部分，它在議題管理階段、規劃預防階段、危機處理階段，以及後危機管理階段等，都有其相對的因應對策。同時還應該事先預防妥善處理，使決策者能掌握處理時效，且使紓困運作機制靈活迅速，讓風暴「留在茶壺內」避免問題擴大，以利爾後比較容易處置解決，而在實際操作上有下列的「五不」可作參考：

一、不要有反應過猛；二、不要爭論不休；三、不要斷然拒絕；四、不要逼迫對方；五、不要擴大問題。

PART9

戀愛危機

有沒有「心」很重要

「人類藉情緒溝通的能力，早自原始時代便開始。在物種進化繁衍的過程中，它對於人類社會體系之形成，亦扮演相當重要的角色。」

—達爾文

人不可能獨善其身，愛更不可能只給自己，只要是付出愛就有可能被傷害的情況，因爲對方不見得會懂得去感激你，甚至可能還會埋怨你，當然也有可能是在日常生活常常忽略你。因此，所謂忙得完全沒有時間來溝通，忙有時可能眞是一個逼不得已的原因，但有時也可以只是一個藉口。

在愛情的國度裡，有沒有「心」是很重要的關鍵，有那份心，就算再困難也可以排除簡短地溝通一下，甚至打個電話噓寒問暖也可以。若沒有「心」的話，就算再多的時間，也不會想起要去和對方聯絡的。

事實上感情最怕的不是外在考驗，如果你自信眞能瞭解自己的情人七八分的話，當你遇到情人突然間的冷落，請不要急著發脾氣或鬧情緒，應該要先去思考對方的處境，試著和對方溝通出一套應變的相處方式。當然，在這時候，最忌諱的就是不問青紅皂白地和情人大吵一架，如果妳（你）採用太激烈的方式，最多只會造成反效果而已。

既然雙方誓言要一輩子在一起，當然就有很多事情得要花點時間去溝通，畢竟，雙方的目的都是要能解決問題，不是要經由吵架製造更大的紛爭，甚至直接步上分手之途。總之，感情最怕的不是外來的考驗，而是怕兩個人的內在產生了變化，那麼，就算風平浪靜的日子，也會有走到各分東西的時候。因此，常常溝通不要讓感情產生誤解，才能有效維繫一段良緣。

配套與議價

戀愛溝通的配套與議價措施：一般來說，戀愛溝通配套存在於提議與議價之間，在溝通過程中把單一議題，採取很得體的方式作某種形式的配套組合後，再於溝通的過程中來互相議價。

在戀愛溝通的過程中，無論是哪一方，總會各自有一些很想要的東西，以及最不想要的東西。所配套的原則，就針對雙方的利益和禁忌來設計組合，運用智慧或想像力來創造不同的變化，以便能發掘新的變數。

最簡單的做法就是將某些很想要的東西，與最不想要的東西合併在一起來溝通，從理性思考的角度切入，讓對方能一起來考量，甚至一起來接受。

當然，自己在將最不想要的東西丟出去的同時，自己也要有器度去接納某些對方最不想要的東西，這樣才叫做對等的戀愛溝通。這也就像人都會有缺點，不可能十全十美，愛他或她就應該多少接受一些對方的缺點。也因爲自己既然想要其中某一樣，而必須接受其它相關聯東西，而不能去強切割而傷害到彼此的感情。

「四捨五入」消氣法

當我們正在從事戀愛溝通的過程中，萬一突然怒氣衝上頭時，要如何去有效因應抑制，才能持續去進行戀愛溝通呢？建議大家能默默做到下列的「四捨五入」等步驟，大致上就可以有效改善生氣不滿的情緒。所謂的「四捨」也就是「閉上嘴嘴深呼吸；脫離現場照鏡子。」等四個步驟：

第一「捨」：閉上嘴；因爲人在盛怒時的舌頭簡直就像一把利劍，容易刺傷人。

第二「捨」：深呼吸；藉由深呼吸來強迫心跳速度，並且讓血壓回復至正常狀態。

第三「捨」：脫離現場；儘快找個安全的環境，動動身體或伸伸懶腰。

第四「捨」：照鏡子；盛怒時跑去照一下鏡子，你將會發現在怒氣中自己的樣子，實在是既滑稽又好笑。

脫離了忿怒情緒的牽制以後，要如何重返平穩的情緒呢？當然就必須藉由下面的「五入」等五個步驟：

第一「入」：承認自己不高興，才能決定採取補救行動。

第二「入」：找出讓自己不高興的罪根禍首。

第三「入」：思考自己還能做哪些補救措施？

第四「入」：整理自己的思緒，試著以緩和的情緒及誠懇的語氣，將不滿情緒的眞相告訴對方。

第五「入」：表白的同時必須強調內心的愛意和關懷。畢竟，沒有愛那來恨！因爲一昧地壓抑情緒，不但不會有效果，而且通常會適得其反，猶如揠苗助長一樣。反而是試著聆聽內心的吶喊，藉由瞭解它與分析它以後，才有效地排解它才是務實的作法。

事實上當我們能認眞地做到上述的「四捨五入」等共計九個步驟後，在情緒的控制與恢復方面，應當即會有明顯的改善效果，並且可遂行更有品質的戀愛溝通了。

莫錯過半個世界

「人們之所以寂寞，是因為他們不去修橋，反倒是去築牆將自己圍堵起來。」

—愛默生

縱然已經邁入資訊時代的今天，仍然有許多人對異性抱著一種偏差的態度，最常見的偏頗心態是：「他（她）之所以接近我，是不是懷有什麼目的？」毫無疑問地，這個世界上本來就是男人女人各佔一半，那爲何有那麼多人卻寧可活在半個世界上？換句話說，他們爲何總是找不到異性朋友？更遑論透過異性，來瞭解更廣闊的天地。

有時回顧一下所有成年男女的周遭，其實當初並不乏傾慕者，卻礙於膽怯未能深交者，如今回顧半生，只能空感慨自己錯過了半個世界。

雖然大家都知道需要朋友，但只要談到異性朋友，卻有許多丈二大男子仍不免躊躇不前。部分原因乃是中國傳統的教育，把性別分得太清楚，以致傳統的東方男人，始終未能以平常心來看待半個世界。

值得一提的是，一般東方人由於交往的對象太少，幾乎沒有選擇比較的可能。因此，年輕時就應該透過正常的管道，把握機會多與異性接觸。因爲對異性朋友交往得愈多，觀察得愈久，事實上是愈容易找到與自己相知相契的對象。

當然，最重要的是要以平常心與異性交往，藉著彼此的互動，來瞭解兩性之間的差異之處。一個人如果沒有從年輕時，即養成結交異性朋友的習慣，那麼很可能在一輩子當中，錯過無數值得結識的至交好友，這樣的人生到老年回顧時，可能只會遺留下「早知如此，何必當初」的憾恨。

年輕或單身的你，不妨適度調整自己的心態，將來不要總是刻意逃避異性，也不要從功利的角度審判對方，讓彼此在自自然然的交往關係中，打開心中另半扇大門，欣賞半個地球的美麗風景。或許有一天你終將發現，只要懂得放下自己的偏見與孤僻，另外半個世界裡的人群中，其實並不乏你知己的朋友。

優點or缺點只在一線之間

平心而論，優點與缺點，往往只在一線之間，如果我們一昧地只想著去挖掘出對方的缺點，尤其是交往愈久之後，愈會去挑剔對方的缺點，不但會因此而蒙蔽自己的器量，甚至總會遺忘了當初愛對方的那份浪漫的感覺。輕微者偶爾鬧鬧情緒，溝通一下就會沒事；嚴重者則或許會覺得對方不再符合當初的感覺，終究走上分手的下場。

事實上感情的事本來就不可以太過貪心，也不能整天浸泡在夢幻之中，如果一昧天眞地認爲這個世界還存在有十全十美的愛情，他不是詩人在說情話就是痴人在說夢話。

儘管如此，我們還是可以用心來守候屬於自己的，同時也並不定是驚天動地的愛情。世界上有許多出色的男孩和美麗的女孩，然而眞正屬於我們自己的只有一份；千萬別因爲別人的眼光而改變了自己的抉擇，也不要總是活在別人的眼光裡而迷失了自己！

是or非全在一口「氣」上

最後要說的是，情侶之間的關係越是親近，所產生的壓力與衝突也就越頻繁。事實上情侶之間的衝突往往不在於「是」或「非」，而是處在一口「氣」上；既然有了「氣」也就顧不得講理去溝通了。

在這種時候與其不斷地埋怨對方，還不如退一步或換個角度來溝通一下，因爲愛情的經營有時是需要一些智慧的，無理取鬧與生悶氣，只會加速愛情老化罷了。換句話說，情侶之間的溝通雖有時氣在頭上，而顧不得去講理，但也絕對不能不顧及對方的「尊嚴」。

因爲唯有雙方眞誠的溝通，愛情才得以滋長茁壯，透過充分的互相傾吐之後，情感壓力才有可能會減除，此時若雙方都能進一步有「雖然你不是最好的，但我只愛你」的體認，無論凍結多麼久的感情，也就會再度復甦而生意盎然的。

廣	告	回	信
臺灣北區郵政管理局登記證			
北台字第8719號			
免	貼	郵	票

106-□□

台北市新生南路3段88號5樓之6

揚智文化事業股份有限公司　　收

□□□-□□

地址：　　市縣　鄉鎮市區　路街　段　巷　弄　號　樓

姓名：

Leaves Publishing

書號 L3003　　書名 這樣說愛最有效

葉子出版股份有限公司

讀・者・回・函

感謝您購買本公司出版的書籍。
爲了更接近讀者的想法，出版您想閱讀的書籍，在此需要勞駕您詳細爲我們填寫回函，您的一份心力，將使我們更加努力！！

1. 姓名：＿＿＿＿＿＿＿＿
2. E-mail：＿＿＿＿＿＿＿＿
3. 性別：□ 男 □ 女
4. 生日：西元＿＿＿年＿＿＿月＿＿＿日
5. 教育程度：□ 高中及以下 □ 專科及大學 □ 研究所及以上
6. 職業別：□ 學生 □ 服務業 □ 軍警公教 □ 資訊及傳播業 □ 金融業 □ 製造業 □ 家庭主婦 □ 其他＿＿＿
7. 購書方式：□ 書店 □ 量販店 □ 網路 □ 郵購 □書展 □ 其他＿＿＿
8. 購買原因：□ 對書籍感興趣 □ 生活或工作需要 □ 其他＿＿＿
9. 如何得知此出版訊息：□ 媒體＿＿＿ □ 書訊 □ 逛書店 □ 其他＿＿＿
10. 書籍編排：□ 專業水準 □ 賞心悅目 □ 設計普通 □ 有待加強
11. 書籍封面：□ 非常出色 □ 平凡普通 □ 毫不起眼
12. 您的意見：＿＿＿＿＿＿＿＿＿＿＿＿＿＿＿＿＿＿＿＿＿＿＿＿＿＿＿＿＿＿＿＿＿＿
13. 您希望本公司出版何種書籍：＿＿＿＿＿＿＿＿＿＿＿＿

☆填寫完畢後，可直接寄回（免貼郵票）。
我們將不定期寄發新書資訊，並優先通知您
其他優惠活動，再次感謝您！！

Leaves Publishing

根
以讀者爲其根本

莖
用生活來做支撐

葉
引發思考或功用

果
獲取效益或趣味